_____ 님께

주님이 동행하는 삶속에 늘 햇빛 같은
축복과 은총이 임하기를 기도합니다.

가난한 마음으로 드리는
치유 기도문

초판 1쇄 인쇄 2018년 05월 30일
초판 1쇄 발행 2018년 06월 10일

지은이 이명화, 김경아, 이경란, 신미경, 구유선, 전성택, 윤요셉 외
펴낸이 윤순식
펴낸곳 도서출판 청우
주문처 열린유통
등록번호 제 8-63호
주   소 경기도 고양시 일산구 장항동 573-28
연락처 T. 031-906-0011 / F. 0505-365-0011 / cwpub@hanmail.net

마케팅 백건택
디자인 책공방

이 책은 저작권법에 의해 보호를 받는 저작물이므로
무단전재 및 복제를 금합니다.
잘못 만들어진 책은 구입하신 서점에서 바꾸어 드립니다.

ISBN 978-89-94846-41-5 03230

값 9,000원

가난한 마음으로 드리는

치유 기도문

| 이명화 · 김경아 · 이경란 · 신미경 · 구유선 · 전성택 · 윤요셉 외 |

청우

개정판을 펴내며

   지금도 우리 주변에서는 수많은 사람들이 원치 않는 질병으로 고통 중에 있으며 환자와 그 가족은 육체적인 고통은 물론 마음의 고통과 생활의 어려움을 격고 있다. 왜 하필 나에게 이런 고통과 시련을 주시는가? 자문해보지만 그 이유를 알기는 쉽지 않다. 다만 전능하시고 긍휼이 많으신 하나님의 손길이 아픈 자를 싸매시고 회복시키며 치유해 주시길 간절히 기도할 뿐이다.

   성경에는 한 사람이 천을, 두 사람이 만을 좇는다고 했다. 말씀을 의지하여 교회와 구역에서 조금이라도 위로와 힘이 되기를 바라며 간절한 기도가 이어지고 있으리라 믿는다.

이 책의 1부에서는 치유와 기도의 의미를 살펴보았다. 먼저 성경적 의미를 풀어 정리해 놓은 이명화 목사님의 〈성경적인 치유기도의 의미〉를 통해 병 고침의 역사, 병에 걸리는 이유, 병 고치는 방법, 병자를 돕는 방법 등을 자세히 알 수 있다.

2부에서는 성도와 목회자 모두가 환자의 고통을 나누고자 하는 간절한 마음으로, 여러 질병을 경험한 분들의 기도문을 담아놓았다. 현재 고통을 겪고 있는 분, 치유사역을 하시는 분, 고통을 경험하고 치유 받으신 분들의 기도다.

많은 은혜와 도움이 되리라 믿어 의심치 않는다. 기도는 바로 주님의 치유 역사를 체험하는 기적의 통로다.

부디 이 『치유기도문』이 고통 중에 계신 분과 진심으로 고통을 나누려는 분들에게 참된 위로와 힘이 되기를 간절히 소망하며 독자들의 요청으로 본서를 개정하여 다시금 내놓게 되어 기쁘게 생각한다.

목차

개정판을 펴내며 ………………………………………… 4
성경적인 치유와 기도 …………………………………10

백혈병 치유를 위한 기도………………………………… 46
간경화 치유를 위한 기도………………………………… 50
간암 치유를 위한 기도…………………………………… 54
뇌종양 치유를 위한 기도………………………………… 58
만성 신부전증 치유를 위한 기도 ……………………… 62
심근경색 치유를 위한 기도……………………………… 66
허리 디스크 치유를 위한 기도 ………………………… 70
만성피로 치유를 위한 기도……………………………… 72
소아 백혈병 치유를 위한 기도 ………………………… 74
성인 백혈병 치유를 위한 기도 ………………………… 76
체질이 약한 사람 치유를 위한 기도 ………………… 78
무기력 치유를 위한 기도………………………………… 80
골다공증 치유를 위한 기도……………………………… 82
살이 찌지 않는 저체중 치유를 위한 기도…………… 84
교통사고로 인한 상처와 고통 치유를 위한 기도…… 86
우울증 치유를 위한 기도………………………………… 88

불안장애 치유를 위한 기도 ················· 90

난치병 치유를 위한 기도 ················· 92

식도암 치유를 위한 기도 ················· 94

폐암 치유를 위한 기도 ················· 96

당뇨병 치유를 위한 기도 ················· 98

자궁암 치유를 위한 기도 ················· 100

유방암 치유를 위한 기도 ················· 102

치매 치유를 위한 기도 ················· 106

아토피 피부염 치유를 위한 기도 ················· 108

갑상선 기능항진증 치유를 위한 기도 ················· 110

갑상선 기능저하증 치유를 위한 기도 ················· 112

갑상선 결절 치유를 위한 기도 ················· 114

갑상선암 치유를 위한 기도 ················· 116

불면증 치유를 위한 기도 ················· 118

만성 위염 치유를 위한 기도 ················· 120

위궤양 치유를 위한 기도 ················· 122

위암 치유를 위한 기도 ················· 124

퇴행성관절염 치유를 위한 기도 ······················ 126

류마티스 관절염 치유를 위한 기도 ················ 128

혈액순환 장애 치유를 위한 기도 ···················· 130

알콜중독 치유를 위한 기도 ···························· 132

화병 치유를 위한 기도 ···································· 136

불임 여성 치유를 위한 기도 ··························· 138

불임 남성 치유를 위한 기도 ··························· 142

대장암 치유를 위한 기도 ································ 144

만성피로 치유를 위한 기도 ····························· 146

패혈증 치유를 위한 기도 ································ 148

요도염 치유를 위한 기도 ································ 150

부비동염 치유를 위한 기도 ····························· 152

신장염 치유를 위한 기도 ································ 154

이명증 치유를 위한 기도 ································ 156

설암 치유를 위한 기도 ···································· 158

방광암 치유를 위한 기도 ································ 160

간질 치유를 위한 기도 ···································· 164

골절 치유를 위한 기도 ·· 166

폐렴 치유를 위한 기도 ·· 168

알레르기 비염 치유를 위한 기도 ································ 170

축농증 치유를 위한 기도 ·· 172

난소암 치유를 위한 기도 ·· 174

중이염 치유를 위한 기도 ·· 176

화상 치유를 위한 기도 ·· 178

중풍뇌출혈 치유를 위한 기도 ···································· 180

병명 없는 환우 치유를 위한 기도 ····························· 182

비만 치유를 위한 기도 ·· 184

육종암 치유를 위한 기도 ·· 186

소아 천식 치유를 위한 기도 ····································· 188

소아 열 감기 치유를 위한 기도 ································ 190

성경적인 치유와 기도

1. 병 고침과 성경

병을 고친다는 것은 질병의 제거뿐 아니라 질병 이전의 상태로의 회복을 말하며 더 나아가 완전한 구원을 말한다. 출애굽기 15장 26절의 "나는 너희를 치료하는 여호와라"는 말씀을 볼 때 하나님은 당신의 백성들이 건강하게 살아가기를 원하신다는 것을 알 수 있다. 인간의 건강을 향한 하나님의 관심은 성경 여러 부분을 통하여 나타난다.

약리요법이나 의료행위가 극히 제한되어 있던 모세시대에도 예방의학적인 조항들이 기록되어 있는데, 예를 들어 위생의 법신 23:12~14, 출 29:14, 소독의 법레 11:32, 39~40, 민 19:11, 31:22~23,

전염병의 격리방법민 5:23, 레 13:14, 위생 및 영양레 11장, 6일 후 안식하는 법출 20:9~10등을 보면 알 수 있다. 혹 필요에 의하여 질병을 내리시더라도 속히 회복시키기를 원하신다. 욥기 5장 18절과 19절은 "하나님은 아프게 하시다가 싸매시며 상하게 하시다가 그의 손으로 고치시나니 여섯 가지 환난에서 너를 구원하시며 일곱 가지 환난이라도 그 재앙이 네게 미치지 않게 하시며"라고 하셨다.

하나님의 능력으로 병을 고친 역사는 족장 시대의 아브라함과 사라의 불임을 치유하신 것으로부터 시작된다. 출애굽 시대 미리암의 문둥병, 선지자 시대 나아만 장군의 문둥병, 히스기야의 죽을병을 고치고, 여로보암의 말라붙은 손을 고쳐주기도 하셨다. 신약 시대의 예수님께서는 병든 자에 대하여 한 번도 책망하지 않고 사랑과 긍휼로 치료하여 주셨다.

사도 시대에 와서는 예수님의 사역을 위탁받은 사도들과 은사자들을 통하여 앉은뱅이를 고치고, 8년 동안 병석에 누워있던 애니아를 낫게 하셨다. 교부시대에 있어서도 순교자 저스틴Justin Martyr, 100~165과 이레니우스Irenaeus, 130~202와 터툴리안

Tertullian, 155~222, 그리고 여러 교부들을 통하여 3~4세기경까지 병 고침의 사역들이 계승되었다. 중세 시대에도 아시시의 성 프랜시스St. Francis of Assisi를 통하여 많은 불구자와 불치병 환자들을 고치고 파울라의 프랜시스Francis of Paula를 통해서도 소경, 귀머거리, 벙어리, 절름발이 그리고 여섯 명의 죽은 자를 소생시키는 이적을 행하셨다. 종교개혁 시대 이후에도 하나님은 여전히 예수 그리스도의 이름으로 병을 치료하도록 하셨고, 루터의 기도를 통하여 한 귀신들린 소녀가 치료받았으며, 존 웨슬리John Wesley는 신유의 은혜를 교회에 정착시켜야 된다고까지 주장하였다.

성경 어디에도 이러한 병 고침의 기적이 더 이상 나타나지 않을 것이라는 말이 없으며, 사라졌다고 말한 적도 없다. 오히려 이러한 기적들이 마지막에 나타날 여러 가지 징조들 가운데서 일어날 것이라고 말씀하고 있다. 하나님의 능력으로 병을 고치는 일들은 오늘을 사는 우리들에게도 여전히 나타나고 있다.

2. 병에 걸리는 이유

1) 부주의 때문이다

사람의 육체는 유한한 것이다. 아무리 믿음이 좋아도 과로, 과음, 과욕은 육체의 병을 만든다. 폴투니어Paul Tournier는 질병이 갑자기 발생하는 것이 아니라 그릇된 식이요법이나, 폭주, 과로, 도덕적 가책 등이 수년간 쌓여서 결국 자신의 존재 활력을 상실하게 될 때 나타난다고 하였다. 호세아 7장 5절에도 보면 술의 뜨거움이 원인이 되어 병이 생겼다고 기록되어 있다. 열왕기하 1장 2절에는 떨어지거나 넘어져 얻는 병에 관한 기록이 있으며, 빌립보서 2장은 지나친 수고와 헌신을 인하여 에바브로디도가 병이 생겼음을 기록하고 있다. 아가서의 사랑의 노래 가사에도 사랑으로 인한 아름다운 병에 대하여 기록되어 있고, 사무엘하 13장에도 사랑하지 말아야 할 대상에 대하여 심화로 병이든 암논이라는 인물에 대하여 기록되어 있다. 우리의 몸은 운동과 휴식을 함께 요구한다.

좀 더 자자 좀 더 졸자 하는 게으름도 경계하여야 되지만,

지나치게 육체를 사용하는 것도 병을 불러온다. 디모데후서 2장 22절에 보면 사도바울이 젊은 디모데에게 건강에 주의할 것을 당부하는 내용이 기록되어 있다. 아무리 하나님과 정상적인 관계를 유지하며, 신앙생활을 충실히 한다 해도 절제하지 않고 위생에 주의하지 않으면 질병에 걸린다. 금식기도를 자주하면 영적으로는 충만해지지만 육체는 약해지기 마련이다. 잠을 자지 않고 과로하면 육체가 약해지고 결국 병이 든다. 뿐만 아니라 정신적으로도 분노, 근심, 두려움, 불안, 초조, 공포, 비판, 형제에게 향한 미움, 지나친 걱정과 낙담이 병의 원인이 될 수 있다. 그러므로 과로하지 말고, 의식주 문제를 균형 있게 조절하고, 하나님이 인간에게 주신 모든 질서와 자연법칙을 잘 지키면 육체의 건강을 보존할 수 있다. 잠언 18장 14절에 "사람의 심령은 그 병을 능히 이기려니와 심령이 상하면 그것을 누가 일으키겠느냐"라는 말씀이 있다.

2) 죄 때문이다

아담과 하와의 범죄로 시작된 인간의 질병은 같은 원리 안에서 늘 적용된다. 질병의 원인은 의학적으로 말한다면 여러 가지로 설명될 수 있지만, 근본적인 원인은 죄로부터 기인하는 것이다. 빌리 그래함Billy Graham목사도 병의 원인에 대하여 자신의 의견을 말하기를 우리 삶의 모든 병, 모든 잘못 또는 질환의 원인을 거슬러 올라가 보면 결국 원죄 때문이라고 말하였다. 하나님 앞에 저지른 인간의 범죄와 이웃에게 저지른 범죄로 인하여 문둥병과 피부병, 죽음에 이르기까지 독하고 중한 병에 걸린다. 하나님께서 애굽에 내리신 수많은 병이나, 이스라엘 백성들이 불순종할 때마다 내리셨던 폐병과 열병과 학질, 심지어 정신병까지도 이에 속한다.

실제로 미리암민 12:10, 웃시아대하 26:19, 게하시왕하 5:27는 죄로 인하여 문둥병나병에 걸렸고, 여로보암은 선지자를 잡으려다 손이 마비되었고왕상13:4, 헤롯행 12:23은 하나님을 무시한 죄로 충이 먹어 죽었으며, 엘루마행 13:4는 복음에 항거한 죄로 맹인이 되었다. 마가복음 2장 5절은 "예수께서 저희의 믿음을 보시고 중풍병자에게 이르시되 소자야 네 죄 사함을 받았느니라 하시니"라고 하심으로 죄로 인한 질병이 죄 사함을 통하여 고

성경적인 치유와 기도

침 받은 것을 설명한다. 요한복음 5장 14절에는 "그 후에 예수께서 성전에서 그 사람을 만나 이르시되 보라 네가 나았으니 더 심한 것이 생기지 않게 다시는 죄를 범하지 말라 하시니"라고 되어 있다.

사도행전 12장을 보면 헤롯이 하나님께 돌아가야 할 영광을 가로채 충이 먹는 병에 걸려 죽은 사건이 나온다. 그래서 예수님은 병자를 고치시면서 때때로 "더 심한 것이 생기지 않기 위하여 다시는 죄를 짓지 말라"고 사랑의 당부를 하셨던 것이다. 레위기 26장 14절~16절에서는 " 너희가 내게 청종하지 아니하여 이 모든 명령을 준행하지 아니하며 내 규례를 멸시하며 마음에 내 법도를 싫어하여 내 모든 계명을 준행하지 아니하며 내 언약을 배반할진대 내가 이같이 너희에게 행하리니 곧 내가 너희에게 놀라운 재앙을 내려 폐병과 열병으로 눈이 어둡고 생명이 쇠약하게 할 것이요"라고 경고하고 있다.

3) 귀신들렸기 때문이다

성경은 인간의 질병이 마귀와 관계가 있음을 암시하고 있다. 예수님은 마귀에게 눌린 자를 고치셨으며^{행 10:38}, 18년 동안 사탄에게 매인바 된 병자를 고쳐주셨다^{눅 13:16}. 예수님께서 항상 병자 편에 서신 것은 병자에게 있는 마귀의 역사를 파괴한다는 의미가 포함되어 있기 때문이다. 그리스도가 세상에 오신 목적은 마귀의 세력을 파괴하는 데 있다고 할 수 있다. 이런 의미에서 예수님의 치유 사역은 구원 사역의 일부인 것이다.

4) 연단을 위해서이다

아브라함 시대의 욥은 동방의 의인이었으나 발바닥에서 정수리까지 악창이 생겨서 많은 고통을 당했다. 이는 욥에게 질병을 주어서 연단하여 더 깨끗하고 흠 없고 의로운 사람으로 만들어 축복해 주시기 위함이었다. 고통이라는 것은 반드시 잘못했기 때문에 오는 것만은 아니다. 마가복음 4장에서는 예수님의 명령에 의하여, 예수님이 정하신 방향에 의하여, 예수님이 지시하신 시간에 출발한 예수님을 태운 제자들의 배가 풍랑을 만나 어려움을 당한 적이 있다. 그러나 믿음의 사람이 만나는 어려움은 도움을 요청할 주님이 항상 옆에 계시는 행복한 고통이다. 때로는 인간의 질고가 신앙을 성숙하게 하기 위한 축복의 전주곡임을 믿어야 한다. 찰스코우만 여사는 1년 동안 애벌레가 나방이 되어 나오는 과정을 관찰하였는데, 번데기에서 나방이 기어나오는 과정을 보면서 그 작은 구멍으로 나오기 위하여 애를 쓰는 모습이 너무 안타까워 고치의 구멍을 가위로 크게 해 주었더니, 쉽게 날개를 질질 끌고 나오기는 했으나 방구석을 기어 다니며 날지 못했다고 한다.

작은 구멍을 빠져나오는 긴 시간의 몸부림! 이것은 나방이 꽃을 찾아다닐 수 있도록 만드는 데 없어서는 안 될 과정이었다. 그래서 시편 기자는 34편 19절에서 "의인은 고난이 많으나 여호와께서 그의 모든 고난에서 건지시는도다"라고 했다.

하나님은 우리에게 주실 축복을 질병과 고통의 보자기로 싸서 주시기도 한다. 그러므로 삶의 고통을 통하여 인생을 새롭게 만들고, 믿음의 결실을 얻으며, 진정한 친구를 얻고, 믿음의 성숙을 얻는 기회로 삼는다면, 질병도 우리에게 선물이 될 수 있다.

5) 교만을 통제하기 위해서이다

사도 바울이 다른 사람의 병을 위해서 기도할 때 많은 병자가 치료받았다. 그의 손만 얹어도 병자들이 일어났다. 그런데 정작 바울 자신은 육체의 질병으로 고통이 심하여 이 병이 떠나가기를 세 번이나 주께 간구하였지만, 주님은 바울이 계시를 받은 것이 너무 크고 많아 자고自高하지 않도록 육체의 가시로 병을 주었다고 말씀하셨다.

바울도 이를 믿음으로 받아 들여 자신에게 주신 능력이 약한 데서 온전하여지며 그리스도의 능력이 자신에게 머물게 하기 위한 방편이었음을 자족하는 마음으로 받아들였다. 하나님께서 바울과 디모데, 그리고 욥을 얼마나 사랑했는지 성경을 통해서 알 수 있다. 그러나 항상 질병이 떠나지 않고 그들을 괴롭혔다. 중요한 것은 이들이 자기 몸에 있는 질병을 통해서 더 좋은 인격으로 성장하였으며, 하나님이 기뻐하지 않는 모든 것을 제거하고 연단을 통해서 하나님의 위대한 사역자들이 되었다는 사실이다.

6) 하나님의 영광을 나타내기 위해서이다

제자들이 날 때부터 소경된 사람에 대하여 예수님께 그 병의 원인이 자기의 죄 때문인지, 부모의 죄 때문인지를 물을 때 죄 때문에 아니라고 명확히 밝히시며, "그에게서 하나님이 하시는 일을 나타내고자 하심이라"고 말씀하셨다 요 9:1~3. 이는 요한복음 11장에 나오는 나사로의 경우에 있어서도 마찬가지이다. 나사로가 병들었다는 소식을 들은 예수님은 " 이 병은 죽을 병이 아니라 하나님의 영광을 위함이요 하나님의 아들이 이로 말미암아 영광을 받게 하려 함이라"고 하셨다. 때로는 우리의 병을 통해 하나님이 스스로를 나타내시며, 그리스도가 메시아이심을 드러내심으로 수많은 사람들의 영혼을 치료하기도 하신다. 고난의 연수만큼 채우며 갚으시는 하나님께서 우리의 질병을 고치고 더 좋은 것들로 은혜를 주시는 이유가 여기에 있다.

7) 하나님의 초청 방법이다

우울증을 앓고 있던 한 젊은이가 있었다. 그는 이 우울증 때문에 심각한 고통을 당하고 있었다. 어느 날 젊은이는 자살을 결심했다. 그는 면도칼을 들고 자기 동맥을 끊어 버릴 생각으로 세면대 앞에 섰다. 그러나 면도날을 손에 쥔 순간 가슴이 갑자기 답답해지는 것을 느끼기 시작했다. 이때 그는 갑자기 하나님을 생각하게 되었다. 마음속으로 "하나님, 제게 한 번만 기회를 주시면 복음을 위해서 살겠습니다!"라고 외쳤다. 그러자 그의 마음에 잔잔한 평화가 임하였다. 이 이야기는 유명한 무디D.L.Moody의 제자로서 미국의 시카고를 위시해서 전 세계에 복음의 위대한 영향력을 끼친 토레이 목사의 이야기이다.

토레이 목사가 앓고 있던 정신적 우울증은 그로 하여금 한 세계의 위대한 지도자가 되게 한, 고통을 통해 하나님이 주신 선물이었다. 하나님은 때때로 고통을 통해서 인간을 믿음의 길로 밀어 넣으시거나 사명의 길로 인도하신다. 모든 사람을 세 가지 유형으로 구분해 볼 수 있다. 첫째, 환경 지향적인 사람이다, 이것을 아더-오리엔테이션Other-orientation이라고 말한다. 외적조건에 의해서 지배되고, 주도되고, 종속되어 가는 사람들을 지칭한다, 둘째, 자기 지식과 자기 경험 지향적인 사람이다. 다시 말해서 셀프-오리엔테이션Self-orientation이다. 자기가 기준이 되고 자기가 중심이 되고 자기에 의해서 세상을 보고 판단하고 자기가 주도한다고 생각하고 살아가는 사람이다. 셋째, 신앙 지향적인 사람이다. 이것은 하나님께 대한 믿음을 둔 페이스-오리엔테이션Faith-orientation이다. 모든 문제를 신앙적인 관점으로 이해하고 그 안에서 생각하는 사람이라는 것이다.

성경의 병 고침의 사건들이 예수님을 영접하고 믿게 되는 결과로 이어지고 있다는 것을 볼 때에 주님은 병 고침을 시작으로 죄악에 붙들려있던 영혼까지도 치료하기를 원하고 계심을 알 수 있다. 예수님은 중풍병자를 거저 고치시고마 8:6, 문둥병자도 거저 고치시고마 8:2, 고창병자도 거저 고치시고눅 14:1, 혈우병자도 거저 고치시고막 5:25, 손마른자도 거저 고치시고막 5:31, 눈먼 자도 거저 고치시고눅 18:18, 귀신들린 자도 거저 고치시고마 15:22, 열병자도 거저 고치시고마 8:14, 앉은뱅이도 거저 고치시고행 3:2, 귀머거리도 거저 고치시고막 7:35, 벙어리도 거저 고치시고막 7:35, 간질하는 자도 거저 고치셨습니다마 4:24.

이 같은 병자를 거저 고치시고는 단지 전보다 더 세상을 소망되게 살면서 하나님을 건강하게 잘 섬기기를 원하셨다.

예수님의 병 고침의 사역들은 인간 구속에 관한 것과 밀접한 관계가 있다. 예수님이 병자를 책망하지 않고 사랑과 자비로 감싸주며 항상 병자 편에 서서 치료해 주신 것은 질병이 인간 개개인 속에 역사하고 있는 죄악의 결과라고 보았기 때문이다. 인간의 전인적인 구원을 위해서 병 고침이 필요하다고 판단하셨음을 알 수 있다.

풀러신학교 교수인 크레프트C.H.Kraft의 말처럼 예수님은 고통당하고 있는 자들을 나무라지 않으셨으며, 죄를 지은 자들도 동정의 대상으로 보셨다. 예수님은 간음한 여인이나, 사마리아 여인, 그리고 예수를 부인했던 베드로를 하나님을 반역한 자로 보지 않고 실족하고 패배한 자로 보셨다. 예수님이 하신 일은 이들을 사단으로부터 해방시켜 주는 것이었다. 이같이 병으로부터 자유를 선언하신 예수님은 우리의 치료자이며, 구원자이다.

3. 병을 고치는 방법

하나님의 능력으로 치료된 사건이 4복음서마태복음, 마가복음, 누가복음, 요한복음의 20%를 차지한다. 수십 차례에 걸쳐 예수님의 병 고침이 기록되어 있다. 예수 그리스도는 영적인 병인 죄를 사하여 주심으로 하나님과의 관계를 회복시키고 사람의 능력으로는 어쩔 수 없는 육체의 병도 치유하여 주셨다. 그러므로 하나님의 능력을 통하여 병을 고치고자 한다면 먼저 죄를 회개하여야 한다. 혹 죄를 범하여 징계로 받는 병이라 할지라도 회개하면 고쳐 주신다. 예레미야 26절 13절에 "너희는 너희 길과 행위를 고치고 너희 하나님 여호와의 목소리를 청종하라 그리하면 여호와께서 너희에게 선언하신 재앙에 대하여 뜻을 돌이키시리라"하셨고, 욥기 5장 18절에 "하나님은 아프게 하시다가 싸매시며 상하게 하시다가 그의 손으로 고치시나니"라고 말씀하고 있다.

우리가 죄를 범하여 맞았다 할지라도 하나님은 상처를 싸매시며 맞은 자리를 고쳐 주신다. 이사야 30장 26절에 "여호와께서 자기 백성의 상처를 싸매시며 그들의 맞은 자리를 고치시는 날에는 달빛은 햇빛 같겠고 햇빛은 일곱 배가 되어 일곱 날의 빛과 같으리라"하셨다.

1) 하나님의 자녀가 되라

한 무신론자가 "하나님은 아무 데도 없다 God is no where"라고 입버릇처럼 말했는데 그가 병으로 침대에 누워 고통을 받는 가운데 하나님이 살아계심을 체험하고 이제는 "하나님은 바로 여기에 계신다 God is now here"라고 고백하였다고 한다. 신명기 28장 20~22절에는 하나님을 잊은 것이 질병의 원인이 될 수 있음을 말하고 있다. "네가 악을 행하여 그를 잊으므로 네 손으로 하는 모든 일에 여호와께서 저주와 혼란과 책망을 내리사 망하며 속히 파멸하게 하실 것이며 여호와께서 네 몸에 염병이 들게 하사 네가 들어가 차지할 땅에서 마침내 너를 멸하실 것이며 여호와께서 폐병과 열병과 염증과 학질과 한재와 풍재와 썩는 재앙으로 너를 치시리니 이 재앙들이 너를 따라서 너를 진멸하게 할 것이라"고 했다. 하나님을 '잊었다' 는 말의 뿌리는 '늦추다' 이다. 즉, 하나님으로부터 점점 멀어지는 신앙생활에 대한 표현이라고 할 수 있다. 이런 면에서 하나님의 자녀 됨의 회복은 온전한 치료의 은혜를 입는 가장 좋은 조건이 된다. 하나님의 자녀가 된다는 것은 마귀의 지배를 받던 것에서 벗어나고 죄에서 벗어남을 의미하는 것이다.

하나님의 자녀 됨의 구원의 은혜는 영혼만 구원 받고 육체는 버림받는 것이 아니라, 영적인 생명과 육신의 회복도 포함된 구원인 것이다. 그러므로 성경은 가르치기를 "사랑하는 자여 네 영혼이 잘됨 같이 네가 범사에 잘되고 강건하기를 내가 간구하노라"고 요한3서 1장 2절에 말씀하고 있다.

예수님은 인간의 죄는 물론, 질병과 고통까지도 담당하셨음이 이사야에 기록되어 있다. 뿐만 아니라 예수님은 자신을 의원으로 표현하시면서 병든 자에게 예수님이 필요한 분임을 말씀하셨다. 예수님은 인류가 인간성이 병들어 있음을 알고 계셨기에 먼저 병든 영혼을 치료하고 다음에 육신의 병을 치료하는 것을 선교정책으로 삼으셨다. 즉 인간을 치료한다는 것은 전반적인 생활의 목표를 세상으로 두고 살던 인간들이 그리스도에게로 목표를 돌이켜 살 수 있도록 만든다는 것을 의미한다. 그것의 기초가 우선 인간들을 하나님의 자녀가 되게 하시는 것이었다. 구약의 아사왕은 발이 병들어 심히 중하나 병이 있을 때에 여호와께 구하지 아니하고 의원들에게 구하였다가 발병이 난 지 2년 후에 죽었다고 역대하 16장 12절에 말씀하고 있다. 병으로 고통 받는 자들이 하나님과의 영적인 화해를 통하여 병에서 고침 받을 수 있기에 질병을 만났을 때 죄를 회개하고 그리스도를 영접하여 하나님의 자녀가 되는 것이 중요하다.

우리의 육체는 몸Body, 정신Mind, 영Spirit의 합일로 이루어져 있다. 몸이 고장 났다고 하는 것은 결코 몸만의 문제가 아니다. 육체의 구성원의 총체적인 문제인 것이다. 그러므로 병 고침Divine Healing과 구원Salvation은 연합된 상태로 볼 수 있다. 진정한 병 고침은 단지 질병의 회복의 단계에서 끝나는 것이 아니라 질병의 회복 이후 계속적인 삶의 자세까지 연관시켜서 하나님 앞에서 헌신자의 삶을 사는 것을 완전한 병 고침과 회복이라 볼 수 있다. 베드로전서 4장 2절에 "그 후로는 다시 사람의 정욕을 따르지 않고 하나님의 뜻을 따라 육체의 남은 때를 살게 하려 함이라"고 말씀하셨다. 하나님의 자녀가 되는 것은 하나님의 은혜로 병을 고치는 것과 밀접한 관계가 있음을 알 수 있다.

2) 자신의 믿음을 사용하라

하나님은 우리 인생을 살리기도 하며 상하게도 하며 낫게도 하시는 분임을 신명기 32장 29절에서 말씀하셨고, 또한 치료하는 분이심을 출애굽기 15장 26절에서 말씀하셨다. 생生과 사死가 하나님께 달려 있으며, 고치시는 결정도 하나님이 하심을 믿어야 한다. 말할 것도 없이 우리 주님의 지상에서의 3대 사역 중 하나가 병 고치는 일이었으며 복음서 가득히 이것에 대해 기록되어 있다. 백성 중에 모든 병과 모든 약한 것을 고치시는 사건이 마태복음 4장 24절에 나와 있는데. 모든 앓는 자 곧 각색병과 고통에 걸린 자, 귀신 들린 자, 간질 하는 자, 중풍병자들을 데리고 왔을 때 주님께서 고치셨다고 기록하고 있다. 그러므로 첫째는 하나님의 능력으로, 주님의 이름으로, 성령의 도움으로 고칠 수 있음을 믿어야 하며, 나의 병도 하나님이 고쳐주신다는 믿음을 갖고 기도할 때 질병에서 고침을 받게 되는 것이다.

기적은 주님을 아는 데서 일어나지 않고 주님을 믿고 그 분께 나아가서 그 분을 만날 때 일어난다. 병 고침의 역사는 인간 편에서 병이 낫고자 갈망하는 신앙이 있고 하나님 편에서 신유의 은혜를 채워주시고자 하는 뜻이 있으실 때 이루어지는 것이다. 소경이 예수께 와서 다윗의 자손이여 나를 불쌍히 여기시어 눈을 뜨게 해 달라고 간청할 때 예수께서 "네가 낫고자 하느냐"라는 질문을 하신 다음 병을 치유하여 주셨다. 하나님의 도움을 통하여 병을 고치기를 원하면 믿음이 있어야 한다. 마태복음 9장 22절에 "예수께서 돌이켜 그를 보시며 이르시되 딸아 안심하라 네 믿음이 너를 구원하였다 하시니 여자가 그 즉시 구원을 받으니라". 또한 마태복음 9장 28절~30절에는 "예수께서 이르시되 내가 능히 이 일 할 줄을 믿느냐 대답하되 주여 그러하오이다 하니 이에 예수께서 그들의 눈을 만지시며 이르시되 너희 믿음대로 되라 하시니 그 눈들이 밝아진지라"고 말했다. 또한 요한복음 5장 6절에 "예수께서 그 누운 것을 보시고 병이 벌써 오래된 줄 아시고 이르시되 네가 낫고자 하느냐"고 물었다. 38년 된 병자는 낫고자 하는 갈망으로 가득 차 있었던 것을 볼 수 있다. 고침 받을 수 있다는 강한 믿음과 확신을 가질 때 병이 치료되는 것이다. 병자 자신의 믿음이란 나의 병을 주님께서 고쳐 주신다는 확신을 말한다.

3) 타인의 믿음을 활용하라

타인의 믿음이라 함은 다른 사람의 믿음으로 병자가 고침을 받는 것을 말한다. 부모의 믿음으로 자녀가 고침 받고, 주인의 믿음으로 하인이 고침 받는 것을 말한다. 마태복음 8장 13절은 말씀하기를 "예수께서 백부장에게 이르시되 가라 네 믿은 대로 될지어다 하시니 그 즉시 하인이 나으니라"고 했다. 누가복음에는 한 중풍병자를 네 명의 친구들이 떠메고 예수님 앞에 왔을 때 그들의 믿음을 보시고 중풍병자를 고쳐 주신 것이 17장 17~26절까지에 기록되어 있다. 가족이나 친구, 이웃의 믿음을 통하여 병이 치료될 수 있는 것이다.

4) 교회에 도움을 요청하라

야고보서 5장 14절에 "너희 중에 병든 자가 있느냐 그는 교회의 장로들을 청할 것이요 그들은 주의 이름으로 기름을 바르며 그를 위하여 기도할지니라"고 하였다. 그 이유는 믿음의 기도는 병든 자를 구원하기 때문이다. 그러므로 육신이 질병에 걸렸을 때 교회에 알리고, 교회와 함께 기도하면 병을 고칠 수 있다. 특히 목회적으로 볼 때 교회와 연계하여 기도를 받게 되면, 먼저 영혼의 문제에 대한 치료를 받기가 용이하며, 그리스도의 사랑으로 그동안 상처 받았던 마음도 함께 치료할 수 있을 뿐 아니라, 영혼이 잘 됨같이 육체도 강건하게 되는 유익을 얻는다. 그래서 야고보서 5장 16절에서는 "병이 낫기를 위하여 서로 기도하라 의인의 간구는 역사하는 힘이 큼이니라"고 권면하고 있는 것이다.

5) 기도하라

시편 30편 2절에 "여호와 내 하나님이여 내가 주께 부르짖으매 나를 고치셨나이다"라는 고백이 있다. 실제로 모세는 자기의 누이 미리암의 문둥병을 고쳐달라고 하나님께 기도하여 고침 받았다. 바울은 멜리데에서 보블리오의 부친이 열병에 걸려 고생하는 것을 보고 기도하고 안수하여 고침 받았다^{행 28장}. 토레이 박사는 "기도는 큰 산에 구멍을 내는 것과 같다. 우리가 이 쪽에서 뚫기 시작하면 하나님은 반대쪽에서 역사하시며 구멍이 생길 때 곧 하나님의 능력이 통행되도록 큰 문이 열린다"고 하였다. 질병의 고통이 만났을 때 조용히 눈을 감고 기도하며 마음의 골방을 만드는 것이 필요하다. 마태복음 6장 6절에 "너는 기도할 때에 네 골방에 들어가 문을 닫고 은밀한 중에 계신 네 아버지께 기도하라 은밀한 중에 보시는 네 아버지께서 갚으시리라"고 했다. 야고보서 5장 13~15절을 보면 사도 야고보는 "너희 중에 고난 당하는 자가 있느냐 그는 기도할 것이요 즐거워하는 자가 있느냐 그는 찬송할지니라 너희 중에 병든 자가 있느냐 그는 교회의 장로들을 청할 것이요 그들은 주의 이름으로 기름을 바르며 그를 위하여 기도할지니라 믿음의 기도는 병든 자를 구원하리니 주께서 그를 일으키시리라 혹시 죄를 범하였을지라도 사하심을 받으리라"고 말하고 있다. 그러므로 병 고침이란 믿음의 기도에 대한 응답으로 병든 자를 고치시는 예수 그리스도의 능력이다.

지금도 하나님은 그 전능하신 뜻을 믿고 복종하며 기도하는 자들의 믿음에 대한 응답으로 영과 혼뿐만 아니라 육신의 병을 고쳐 주신다.

6) 기도하며 약을 사용하라

성경은 의학적인 치료의 방법을 부정한 적이 없다. 믿음으로 병을 고친다 하여 다른 방법들을 지나치게 제한해서는 안 된다. 성경에는 오히려 의학적 치료로 볼 수 있는 병 고침의 방법들을 여러 곳에서 기록하고 있다.

열왕기하 20장 7절을 보면 히스기야 왕이 죽을병에 걸렸을 때 선지자 이사야가 왕의 종처에 무화과 반죽을 놓으므로 낫게 하였다. 사무엘상 16장에서 사울 왕이 정신질환으로 번민하고 고통 받을 때 다윗으로 하여금 수금을 타게 한즉 상쾌하게 된 것은, 질환을 낫게 하는 데에 음악이 사용되었음을 의미한다.

이사야 1장 6절이나, 누가복음 10장 34절에서는 상처에 기름을 바르고 포도주를 붓고 싸매어 치료하였다. 에스겔 30장 21절에서는 골절의 경우 싸매는 기구가 사용되었으며, 디모데전서 5장 23절에서는 바울이 디모데에게 위장질환에 포도주를 조금씩 사용하도록 권면하고 있는 것을 발견하게 된다.

이처럼 병 고침의 방법으로 영적인 방법과 의학적인 방법 그리고 정신 요법까지도 포함되어 있음을 알 수 있다. 다만 의학이나 정신요법 등은 제한적인 것임을 인식하고 병 고침의 궁극적 주권이 하나님께 있음을 인정할 때, 병 고침의 다양한 방법은 하나님이 주시는 은총의 선물임을 깨달아 감사하게 될 것이다.

4. 병자를 돕는 방법

1) 함께 아파하라

예수님은 죽은 나사로 앞에서 먼저 눈물을 흘리셨고, 예루살렘의 멸망을 보며 먼저 우셨다. 마태복음 14장 14절은 병 고치는 사역에 앞서 주님이 함께 아파하셨음을 기록하고 있다. "예수께서 나오사 큰 무리를 보시고 불쌍히 여기사 그 중에 있는 병자를 고쳐 주시니라". 예수님 당시 유대인들은 대부분 병든 자들을 경멸의 대상으로 보았지만, 예수님은 병자들을 대할 때 그들을 책망하지 않고 병을 고치기 위해서 정성을 쏟으며 사랑과 자비로 그들을 감싸 주셨다.

그렇다고 예수님이 질병이 죄와 관련되어 있다는 것을 부인하신 것은 아니었다. 중풍병자에게 "작은 자야 네 죄 사함을 받았느니라"고 말씀하신 것은 막 2:5 분명 그 중풍병자와 죄가 관련 있다는 것을 암시해 주고 있는 것이다. 기억하자. 기도로 돕는 자는 정죄하는 것이 아니라. 기도를 필요로 하는 사람의 입장에서 기도하여야 한다. 이것이 진정한 중보기도의 사역 Intercessory Prayer ministry의 태도이다.

2) 함께 믿으라

인간이 병이 든다는 것은 육신의 문제뿐만 아니라 신앙의 문제이기도 하다. 자신의 질병에 대하여 믿음이 있는 사람과 그렇지 않은 사람이 받아들이는 의미가 다르기 때문이다. 더구나 질병이 생긴 원인에 마귀가 개입된 것이라고 하면 더욱 불신앙의 세력이 강하게 작용할 것이다. 사람이 고치지 못하는 병은 하나님이 고친다. 그러나 그 하나님은 사람의 믿음을 요구하신다. 그러므로 가능한 믿음의 사람과 함께하고, 믿음의 일에 힘쓰며, 믿음에 도움이 되는 환경을 만들어야 한다. 자신의 믿음과 타인의 믿음은 모두 병을 고치는 은혜로 연결되기 때문이다. 마가복음 5장에 예수께서 회당장 야이로의 딸을 살리실 때 주님의 역사를 비웃던 자들은 물리치시고 아이의 부모, 베드로, 요한, 야고보만 데리고 들어가 기도하셨다. 하나님의 역사하심에 불신앙은 도움이 되지 않기 때문이다.

3) 함께 기도하라

치병을 위하여 기도할 때, 기도제목을 공유하는 것이 중요하다. 함께 기도할 수 있는 대상자를 확보하는 것이 도움이 된다. 첫째 교회에 공식적으로 기도를 요청하면, 모든 예배를 통하여 함께 기도하게 된다. 소속기관, 구역조직을 통하여 기도의 후원을 받을 수 있다. 특히 기도회로 모인 것이라면 더욱 합심하여 충분한 기도의 동역이 가능하다. 철야기도회, 새벽기도회 등을 활용하면 더욱 많은 기도의 후원을 받을 수 있다. 둘째, 함께 기도할 수 있는 적절한 기도형태를 활용하는 것이다. 기도의 형태로는 소리 내지 않고 하는 묵상기도와 소리 내어 부르짖는 통성기도가 있다.

성경은 위급할 때 통성으로 부르짖은 경우를 여러 군데 기록하고 있다. 또한 하나님께 결단과 헌신과 약속을 하며 소원을 두고 간구하는 서원기도가 있다. 치병을 위한 금식기도의 유익에 대하여 이사야 58장 6절에서는 "내가 기뻐하는 금식은 흉악의 결박을 풀어 주며 멍에의 줄을 끌러 주며 압제 당하는 자를 자유하게 하며 모든 멍에를 꺾는 것이 아니겠느냐", 8절과 9절에서는 "그리하면 네 빛이 새벽 같이 비칠 것이며 네 치유가 급속할 것이며 네 공의가 네 앞에 행하고 여호와의 영광이 네 뒤에 호위하리니 네가 부를 때에는 나 여호와가 응답하겠고 네가 부르짖을 때에는 내가 여기 있다 하리라"고 말씀하고 있다.

5. 질병과 고통이 주는 의미

여러 질병으로 고통을 당할 때 질병 못지않게 사람을 괴롭히는 것은 왜 나에게 이러한 어려움이 왔는가, 사랑의 하나님이 정말 계시다면 왜 이 고통을 보고만 계실까, 하나님이 나를 징계하신 것일까, 아니면 버리신 것일까 등의 의문이 생기기 때문이다. 이런 의문들은 병자를, 혹은 그의 가족을 신앙적인 큰 시험에 빠지게 한다. 더군다나 자신의 신앙이 완전하지는 않다는 것을 인정하지만, 죽음에 이르는 병에 걸릴 정도로 잘못된 삶을 살지 않았다고 생각할 때 더욱 괴로워진다. 그러므로 고통을 받는 이유를 아는 것만으로도 정신적으로나 영적으로 치유받기 시작하는 것이다.

그렇다면 고통이 오는 이유는 무엇인가?

첫째, 고통은 하나님의 언어이다. 하나님은 인생의 질고와 고통을 통하여 말씀하신다. 만약 인류에게 질병이 없다면 어떻게 되겠는가? 하나님은 질병을 통하여 인간의 죄와 교만을 통제하며, 인간의 한계를 깨닫게 하고 하나님을 찾게 하신다.

그래서 전도서 7장 14절에서는 "형통한 날에는 기뻐하고 곤고한 날에는 되돌아 보아라 이 두 가지를 하나님이 병행하게 하사 사람이 그의 장래 일을 능히 헤아려 알지 못하게 하셨느니라"고 말씀하고 있다. 또한 고통은 곁길로 나간 자를 돌아오게 하며, 하나님의 뜻을 깨닫게 한다. 고난은 순종을 가르치는 위대한 교사이다.

예수님도 순종으로 고난을 배우셨다고 히브리서 5장 8절에 기록되어 있다. 칼빈J.Calvin은 인간이 당하는 고통에 대하여 "이 세상에 고통이 많은 것은 천국을 사모하는 마음을 가지게 하기 위해서이다"라고 말했다. 이 세상에서 근심과 질병과 심지어는 죽음의 고통을 겪게 해서라도 눈물이 없고 다시 사망이 없고 애통하는 것이나 곡하는 것이나 아픈 것이 없는 영원한 천국으로 우리를 몰아넣으신다는 사실을 믿어야 한다.

둘째, 고통은 성숙과 깊은 연관이 있다. 고통은 사람을 성숙하게 한다. 바울은 고통 가운데서 얼마나 힘들었는지 마치 사형선고를 받은 것만 같았으나 자신이 당한 고통을 통하여 죽은 자를 살리신 하나님을 의지하라고 이 고통을 주신 것이라고 고백하였다. 구약의 욥은 도미노처럼 밀려오는 환난과 아픔과 질병을 경험한 고난의 대명사와 같은 사람이다. 자녀와 가정을 일순간에 잃어버리고, 가진 모든 재산을 잃어버렸으며, 마침내 병까지 들어 발바닥에서 정수리까지 악창이 나서 재 가운데 앉아 기와 조각을 가져다가 몸을 긁고 앉아 있을 때 평생을 자식 낳고 함께 살아오던 아내마저도 욥을 버리고 떠난다. 진물이 나고 썩어 들어가는 그 몰골이 어찌나 험악했던지 욥의 친구들도 욥을 알아보지 못하였다. 그러나 하나님은 이 같은 연단을 통해 갑절의 축복을 주시므로, 욥은 고난을 이기고 인내로 복을 받은 대표적인 인물로 소개되고 있다.

고난과 고통은 위장된 하나님의 축복이며, 축복은 고통의 옷을 입고 우리에게 찾아오는 하나님의 선물인 것이다. 괴테는 "눈물 젖은 빵을 먹어보지 못한 사람은 인생을 알지 못한다"고 했다. 내가 당한 고난을 통해서 고통당하는 다른 사람을 이해할 수 있게 되는 것이다. 그래서 욥은 고통 받을 때 오히려 자신의 친구들을 위하여 기도하는 사람이 된 것이다. 셋째, 고통은 새로운 재창조의 역사이다 위대한 업적을 남긴 사람들을 보면 고통스런 현실과의 싸움에서 승리한 경험이 있다는 것을 알 수 있다.

　소설가 스티븐슨은 결핵 말기의 고통 속에서 명작을 집필했고, 테레사는 평생 자신을 괴롭힌 만성두통을 참아내며 인류에게 사랑을 베풀었다. 파스칼은 청년 시절부터 자신을 괴롭힌 온몸의 통증을 이겨내고 『팡세』를 남겼다. 베토벤은 청각장애의 고통 속에서 불후의 명곡을 만들었다. 선교사 마틴은 폐결핵과 악전고투하며 인디언들에게 복음을 전했고, 프랑스 화가 르누아르는 류머티즘으로 고통을 겪으며 그림을 그렸다. 그가 붓을 한번 움직일 때마다 얼굴에 고통의 땀방울이 맺혔다고 한다. 구세군운동을 주도한 캐더린 부스는 "내 삶에 있어서 단 하루도 고통스럽지 않은 날이 없었다"고 고백하였으나 위대한 전도자가 되었다. 그래서 다윗도 시편 119편 71절에서 "고난 당한 것이 내게 유익이라"고 고백한 것이다.

　믿는 사람들은 불신자보다 더 많은 고통을 당할 때일수록 하나님의 사랑을 믿어야 한다. 믿는 자들의 고통은 심판이 아니라, 구원을 완성시키는 하나님의 은혜이기 때문이다.

마리 퀴리Marie Curie, 1867~1934는 1867년 11월 7일 동부 유럽 폴란드의 바르샤바에서 태어났다. 일생 중 많은 업적을 남겼으며 방사능을 함유한 라듐을 발견하여 여성 최초로 노벨 물리학상을1903 받았는데 어려서부터 철이 들 때까지는 그녀는 어머니의 사랑을 의심하면서 자랐다고 한다. 그 이유는 단 한 번도 어머니의 키스를 받아보지 못했기 때문이다. '진실로 딸을 사랑하는 어머니라면 왜 한 번도 키스를 해주지 않을까? 사랑하지 않기 때문이 아닌가?'라는 의심으로 많은 고민과 갈등의 과정을 겪었다. 그러나 어머니가 딸에게 사랑의 키스를 해주지 않은 것은 사랑하지 않기 때문이 아니라, 평생 폐결핵을 앓고 있었기 때문이었다. 마리는 그 사실을 어머니가 폐결핵으로 돌아가신 다음에야 알았다고 한다.

"주께서 인생으로 고생하게 하시며
근심하게 하심은 본심이 아니시로다"

예레미야 애가 3장 33절

가난한 마음으로 드리는
치유기도문

백혈병 치유를 위한 기도

너는 범사에 그를 인정하라 그리하면 네 길을 지도하시리라
스스로 지혜롭게 여기지 말지어다
여호와를 경외하며 악을 떠날지어다
이것이 네 몸에 양약이 되어 네 골수를 윤택하게 하리라 (잠언 3:6~8)

생명의 근원되신 하나님!
이 시간 갈급함으로 주께 나아갑니다. 저와는 상관없을 것만 같았던 상상조차 하지 못했던 질병이 저에게 찾아왔습니다.
하나님 아버지, 지금 백혈병으로 인해 너무나 연약한 인간의 모습임을 고백합니다.
사랑하는 자녀에게 가장 좋은 것으로 채워주시는 은혜의 하나님 아버지!
육신의 아픔과 심적인 괴로움으로 눈물 흘리는 저의 영혼을 긍휼히 여겨주시옵소서. 독한 항암제로 빠져나간 머리카락들, 면역력이 떨어져 온통 헐어버린 입안, 제대로 먹지 못해 허약해진 이 육신이 의지할 곳은 마치 젖 뗀 아기가 어미 품에 거하듯 오직 하나님 아버지뿐임을 고백합니다.
특히 허리에서 골수를 채취하는 것은 이 땅에 태어나 경험한

고통 중 가장 큰 고통입니다.

발끝에서부터 등까지 흐르는 그 고통의 전율이 저로 하여금 부정적인 치료 결과에 대한 두려움에 떨게 합니다.

또한 병실 곳곳에서 흐느끼는 환우들의 울음소리와 한숨소리, 어린 아이들이 외로이 투병하는 모습을 볼 때면 우리의 현실이 너무 처량하고 안쓰러워 가슴이 저려옵니다.

하나님 아버지!

우리가 이 고통의 시간으로 인해 혹 주님을 원망할까 두려우니 십자가의 사랑을 늘 기억하게 하시며 위로하여 주시고 하루 속히 강건케 하여 주시옵소서.

제 몸속으로 들어가고 있는 수액과 혈소판, 수많은 약들이 그 기능을 최대한 발휘할 수 있게 하셔서 건강한 골수를 받아들이기에 부족함이 없는 양약이 되게 하옵소서.

하나님께서 보내주신 분의 사랑으로 받게 되는 건강한 골수가 제 몸에 잘 생착할 수 있게 하옵소서.

또한 독하고 강한 약들이 건강한 세포와 장기들을 상하게 하지 않도록 지켜 주시고 윤택한 골수가 되어 건강한 혈액을 만들 수 있게 하옵소서.

살아계셔서 역사하시는 하나님 아버지!

저의 질병으로 인하여 사랑하는 이들이 너무나 많이 힘들어 합니다. 저의 고통을 마치 자신의 고통처럼 아파하는 그들의 마음이 너무나 고맙고 미안할 뿐입니다.

하나님께서 그들을 위로해 주시기 바랍니다. 아울러 저의 생명을 연장시켜 주시면 주를 위해 살겠노라고 감히 고백합니다. 주님을 위해, 이웃을 위해 살고, 또한 제 자신을 사랑하며 감사한 하루하루를 살겠습니다.

하나님, 긍휼을 베풀어 주시옵소서.

주님이 계셔서 저는 행복합니다. 이렇게 힘들고 외로울 때 하나님을 믿지 않았다면 얼마나 절망적이었을지, 얼마나 두렵고 무서웠을지 생각만 해도 끔찍합니다.

치유의 하나님이 계심이 저에게 소망이 됩니다. 치료과정을 헤쳐 나가야 할 저에게 변함없는 친구가 되어주셔서 새 힘을 부어 주시니 감사를 드립니다. 지금은 무균실에서만 생활해야 하고 면역력이 약해 교회에 나갈 수 없어 성전에서 예배를 드리는 것이 무척이나 그립습니다.

그동안 형식적이고 의무적으로만 냉랭하게 예배를 드렸던 지난날의 모습들이 부끄럽습니다.

이제 저의 삶은 "너는 범사에 그를 인정하라 그리하면 네 길을 지도하시리라 스스로 지혜롭게 여기지 말지어다.
여호와를 경외하며 악을 떠날지어다. 이것이 네 몸에 양약이 되어 네 골수로 윤택하게 하리라"잠 3:6~8는 말씀을 따라 살 것을 결심합니다.
간구하는 자의 기도에 응답하시는 주님, 이 영혼을 긍휼히 여기시오며 이 수렁에서 건져주시옵소서.
예수님의 이름으로 기도드립니다. 아멘.

간경화 치유를 위한 기도

여호와의 인자하심과 인생에게 행하신 기적으로 말미암아 그를 찬송할지로다 그가 사모하는 영혼에게 만족을 주시며 주린 영혼에게 좋은 것으로 채워주심이로다 (시편 107편 8~9)

십자가에 죽기까지 우리를 사랑하시고 긍휼히 여기심으로 병든 자들을 치유하신 주님!
오늘도 동일하게 영원하신 사랑과 치유하심을 믿고 주님께 나아갑니다.
병상 중에 일어나는 많은 일들과 환경들은 우리를 낙심하게 만들고 부정적인 결과만을 생각하게 합니다.
하지만 "네 믿음이 크도다 네 소원대로 되리라" 말씀하셨던 그 치유의 사건들을 기억하며 믿음으로 주님께 간구합니다.
"여호와의 인자하심과 인생에게 행하신 기이한 일을 인하여 그를 찬송할지로다" 시 107:21라는 시편 기자의 고백이 간경화 환우들의 고백이 되기를 원합니다.
간은 생체 내 어느 기관보다도 생화학적 기능이 다양해서 흡수된 음식물, 약물 및 여러 외부 물질들이 체내에 들어와 반드시 거치는 기관으로 신체의 대사기능을 총괄해 주는 기능이 있습니다. 그러나 환우들은 간세포 손상으로 인해 그 역할들을 잘 감당하지 못하기 때문에 많은 합병증으로 고통을 당하고 있습니다.

심할 경우 간성 뇌질환으로 중추신경계의 장애가 발생하여 경미한 정신 착란에서부터 심한 혼수로 진행되며 기억력, 주의력, 집중력과 반응의 정도 등에 손상을 주기도 합니다.

은혜로우신 주님!

이러한 합병증으로 인해 환우들이 사랑하는 이들을 알아보지 못하는 안타까운 일이 생기지 않도록 지켜주옵소서.

낮에 자고 밤에 깨어나 수면 장애로 고통당하는 환우들에게 함께 하시어 모두 잠든 시간에 같이 잠드는 참 평안을 누릴 수 있도록 도와주옵소서.

어떤 환우들은 신체적인 변화에 대한 열등감이나 우울증으로 치료를 방해받기도 합니다.

주님!

드러나는 모습들에 스스로를 비하하지 않고, 외모를 보지 아니하시고 중심을 보시는 하나님께만 집중하며 투병해 나갈 수 있게 하여 주옵소서.

오늘도 찬양 받으시기에 합당하신 주님!

아무리 환경을 둘러보고 생각해 보아도 오직 주님의 자비하심과 치유하심밖에 없음을 고백합니다.

불가능한 상황 속에서도 오직 믿음으로 치유함을 받았던 수많은 신앙의 선배들을 본받아 주님께 나아가며 기도에 더욱 힘쓰는 환우들이 되게 하옵소서.

더 많은 기도의 중보자들을 보내주시고 경제적인 어려움과 정신적인 외로움이 없도록 사랑의 손길도 허락하여 주옵소서.

무엇보다도 환우들의 영적 상태가 주님 앞에 바로 서 있기를 간구합니다.

비록 폭풍우가 몰려오고 사나운 바람이 불어도 어미 품에 잠든 아기 새가 누리는 참 평안함처럼 사랑이 많으신 주님의 품 안에서 평안함과 안전함으로 치료과정에 성실히 임할 수 있게 하옵소서.

은혜의 주님!

모든 치료 과정 속에서 주님의 만지심으로 말로 표현할 수 없는 놀라운 치유의 역사들이 환우들 한 사람, 한 사람 가운데 일어나길 소망하오니 오직 주님의 뜻대로 이루시기를 기도합니다.

"여호와여 내 기도를 들으시며 내 간구에 귀를 기울이시고 주의 진실과 의로 내게 응답하소서." 시 143:1

지금도 살아서 역사하시는 예수 그리스도의 이름으로 기도드립니다. 아멘.

간암 치유를 위한 기도

**여호와여 나의 기도를 들으시며
나의 부르짖음에 귀를 기울이소서
내가 눈물 흘릴 때에 잠잠하지 마옵소서 (시편 39편:12)**

말씀으로 이 세상을 창조하신 하나님 아버지를 찬양합니다.
피조물의 모든 것을 다 아시는 주 하나님!
나의 중심을 보시는 주님이 계시기에 소망이 있고 위로가 됩니다.
예수 그리스도의 십자가의 사랑을 의지하며 가난하고 병들고 나약한 자들을 위해 주의 이름으로 중보하며 나아가오니 나의 기도에 응답하여 주옵소서.
아무런 예고도 없이 다가온 간암으로 인해 두려움에 떠는 환우들에게 세상이 줄 수 없는 주님의 평안이 임하기를 간절히 기도합니다.
어떤 이는 바이러스 감염으로, 어떤 이는 간질환으로, 어떤 이는 과음으로 인한 관리 부족 등 다양한 원인으로 인해 간암과 투병하고 있습니다.

지난 날 아버지께서 주신 육체를 좀 더 사랑하지 않고 관리하지 못했던 것과 죄와 함께 짝했던 생활들이 있었다면 회개하오니 환우들을 용서하여 주옵소서.

식욕부진과 구역질, 위장 불쾌감으로 육체는 쇠약해지고, 전신권태감으로 인해 의욕을 잃고 있는 지체를 보고 있자니 참으로 마음이 아픕니다.

또한 황달로 인한 가려움에 잠 못 이루는 밤이 많고 복부팽만감과 복통으로 힘들어 하는 지체와 그 고통을 나눌 수 없어 가슴이 아프고 눈물이 앞을 가립니다.

사랑의 주님!

어떠한 암이든 그 과정이 힘들고 어렵겠지만 몸에 있는 유독성분을 해독하는 간이 그 힘을 발휘하지 못한다는 것은 참으로 안타까운 일이기에 아버지의 긍휼하심이 진정으로 필요함을 고백합니다.

주님의 도우심이 없다면 그 어떤 치료도, 약물도 아무 소용이 없습니다.

병을 고치시는 주님!

치료의 광선을 비춰주시옵소서. 치료 과정 중에도 함께 하사 항암치료와 방사선 치료로 인한 부작용에 환우들이 지치지 않게 하시고 죽음에 대한 두려움으로 낙심하지 않도록 주님의 말씀으로 위로하여 주옵소서.

투여되는 약들이 그 기능을 최대한 발휘하게 하시며 의료진들에게 지혜를 더 하사 최상의 치료를 받을 수 있는 환경을 허락하여 주옵소서.

다른 조직으로 암세포가 전이되지 않게 하시고 수술 후 떼어낸 간 주변 조직이 깨끗하여 더 이상 재발되지 않게 하여 주옵소서.

그리하여 몸에 해로움을 주는 그 어떤 독성분이라도 잘 해독해 내는 건강한 간이 될 수 있도록 회복시켜 주옵소서.

사랑의 주 하나님!

간암으로 고통 받는 자나 그 고통을 지켜봐야 하는 사랑하는 이들의 마음을 만져주옵소서.

주님의 손길과 위로 외에는 그 어느 것도 평안을 줄 수 없음을 고백합니다.

환우들은 주님이 주신 평안으로 긍정적이고 희망적인 생각을 갖고 치료에 임하게 하시며 간호하는 이들은 지치지 않도록 새 힘을 주시어 사랑으로 끝까지 잘 섬길 수 있도록 은혜 주옵소서.

여호와는 마음이 상한 자에게 가까이하시고 중심에 통회하는 자를 구원하신다 하였습니다.

어떤 것도 위로가 되지 않는 가장 연약할 때 주님께서 함께하심을 깨닫고 통회하는 마음으로 주님 앞에 나아가 주님과 깊이 교제하는 침상이 되게 하옵소서.

죽음의 문턱을 경험하였기에 천국의 소망이 더없이 소중함을 깨달아 믿음이 없는 자에게는 믿음을, 믿음이 연약한 자에게는 강한 믿음을 주시어 건강하게 회복된 육체로 주님께 더 많이 영광 돌리는 삶을 살 수 있도록 인도하여 주옵소서.

치료하시고 위로하시는 하나님 아버지를 높이 찬양하며 우리 주 예수 그리스도의 이름으로 기도드립니다. 아멘.

뇌종양 치유를 위한 기도

내가 환난 중에서 여호와께 아뢰며 나의 하나님께 부르짖었더니
그가 그의 성전에서 내 소리를 들으심이여
그의 앞에서 나의 부르짖음이 그의 귀에 들렸도 (시편 18:6)

오늘 하루도 주님 안에 거하게 하시고 주의 사랑이 필요한 이들에게 사랑의 손길로 섬길 수 있게 하여 주심에 감사를 드립니다.

환우들에게 제가 줄 수 있는 것은 오직 그리스도의 사랑과 섬김임을 고백하며 나의 손길이 닿는 그들에게 주님의 사랑과 치유하심이 함께 하시기를 간구합니다.

우리의 힘이 되시는 하나님 아버지!

이 시간 뇌종양으로 고통 받고 있는 이들을 위해 기도하오니 나의 간구에 귀를 기울이사 긍휼을 베풀어 주옵소서.

환우들은 상쾌한 아침을 맞이하는 기쁨을 채 누리기 전에 두통으로 인해 깨어나거나, 잠에서 깨어나자마자 심한 두통으로 힘들어 합니다.

더욱이 구토까지 동반하는 경우도 있습니다.

잦은 구토로 인해 영양이 제대로 흡수되지 못하여 많은 환우들이 수척하고 연약한 가운데 있사오니 소화기관을 튼튼하게 하시고 영양제와 섭취되는 음식을 잘 소화되게 하옵소서.
또한 뇌의 조직들을 어루만져 두통이 완화되게 하시고 상쾌함으로 아침을 맞이할 수 있게 하옵소서.
사랑하는 환우들에게 뇌신경 세포의 전기적 흥분의 증가 때문에 생기는 간질 발작이나 운동마비가 일어나지 않도록 지켜주옵소서.
혹 그러한 일이 생기더라도 환우들이 당황하지 않게 하시고 담대히 증상들을 인정하고 받아들이며 그들의 나약함을 주께 의탁할 수 있는 믿음을 가질 수 있기를 소망합니다.
시신경 압박으로 인해 물체가 겹쳐 보이는 환우들의 신경을 붙들어 사물을 똑바로 볼 수 있게 하시며 주님을 볼 수 있는 영안도 열리게 하옵소서.
청신경의 약화로 청력이 저하되는 환우도 있습니다. 그들의 청력이 소실되지 않게 하시어 사랑하는 이의 음성을 들을 수 있게 하시며 주님의 음성에도 귀 기울일 수 있게 하옵소서.
음식을 삼키는 데 있어 고통당하는 이들을 붙들어 부드럽게 음식을 삼킬 수 있게 하시고 흡수된 음식물도 잘 소화되게 하시어 신체 각 세포에 공급되는 좋은 영양분이 되게 하옵소서. 갈라진 목소리와 부정확해지는 언어를 회복시켜 주옵소서. 회복된 목소리로 주님을 찬양하며 증거하게 하셔서 살아계신 하나님을 찬양하게 하옵소서. 주님의 아름다운 목소리가 되게 하옵소서.

어지럼증과 보행 장애를 입은 자들의 간구함을 들으시고 똑바로 걸을 수 있도록 긍휼을 베풀어 주옵소서.

주님 가신 십자가의 그 길을 바르게 좇아가는 건강한 제자의 삶을 살 수 있게 하옵소서. 호르몬 이상으로 나타나는 증상으로 인해 환우들의 마음이 상처 받지 않게 하시고, 항암치료, 방사선 치료 등 각종 검사와 치료로 연약해진 심신을 강건케 하옵소서.

우리를 치유해 주시는 하나님 아버지!

주의 이름을 아는 자들이 주께 의지함은 주께서 주를 찾는 자들을 버리지 아니하시는 분이심을 믿기 때문입니다.

주님을 알지 못하여 질병의 고통을 혼자서만 이겨내야 한다는 고독감으로 남모르게 눈물 흘리며 침상을 적시는 이들이 있습니다.

그들이 주의 이름을 알게 하시며 주를 의지하게 하시고 주께서 주시는 참 평안으로 위로 받게 하옵소서.

주님께서 침상 중에서도 동행하심을 믿고 새 힘을 얻게 하옵소서.

비록 뇌종양이라는 무서운 질병과 싸워야 하지만 우리를 사랑하사 십자가의 고통을 지신 예수 그리스도의 그 크신 사랑을 생각하며 주님 안에서 소망을 버리지 않고 주님을 더 깊이 만나는 은혜의 시간이 되게 하옵소서.

길이요 진리요 생명이신 예수 그리스도의 이름으로 기도드립니다. 아멘.

만성 신부전증 치유를 위한 기도

오직 여호와를 앙망하는 자는 새 힘을 얻으리니
독수리가 날개치며 올라감 같을 것이요
달음박질하여도 곤비하지 아니하겠고
걸어가도 피곤하지 아니하리로다 (이사야 40:31)

당신의 백성의 간구함에 귀 기울이시고 응답하시는 주님!
지난 날 병상에서의 시간을 되돌아볼 때 그 시간은 참으로 외롭고 힘든 시간이었으며, 고통과 불안의 시간이었고 주님의 사랑과 치유만이 갈급했던 시간이었음을 고백합니다.
그러한 시간이 있었기에 환우들이 아픔을 공감할 수 있으며 그들을 위해 사랑하는 마음으로 기도할 수 있게 됨을 감사드립니다.
특별히 만성 신부전증으로 힘들어하는 지체들을 위해 기도합니다.
구름기둥과 불기둥으로 우리를 인도하시는 하나님 아버지!
만성 신부전증 환우들은 신장의 기능과 대사기능의 장애로 인해 몸 밖으로 배출해야 할 최종 대사물이 몸 안에 축적되어 나타나는 독성으로 고통을 당하고 있습니다.

주님께서는 신부전증이 단순히 신장뿐 아니라 머리끝부터 발끝까지 전신의 모든 장기를 침범하는 무서운 질병임을 아십니다. 전신이 쇠약하여 무력하고, 가려움증으로 고생하는 환우들을 불쌍히 여겨 주옵소서.

성욕의 감퇴로 인해 환우들은 배우자에게 미안한 마음까지 갖게 되고 또한 소화 기능의 이상으로 메스꺼움과 구토로 식욕을 잃게 되고, 때로는 위염이나 소화성 궤양으로 식욕이 저하되는 환우들에게 왕성한 소화력을 주시어 골고루 영양이 가게 하옵소서.

가슴의 통증과 손발 저림을 호소하기도 하고 불면증과 불안감으로 집중력이 많이 상실된 환우들에게도 기적 같은 꿀잠으로 수면의 은총을 베풀어 주옵소서.

이렇게 질병의 증상만으로도 고통스러운데 지속적으로 투석을 해야 하는 육체적, 정신적 고통과 경제적인 부담감이 환우들의 마음을 무겁게 하고 있습니다.

신장이식이 가장 확실한 치료법이라지만 기증자를 만나기도 어렵고 비용도 많이 들며 이식 후 거부반응 등 여러 가지 염려가 많습니다.

이 모든 것들을 인간적으로 생각해 볼 때 걱정은 끝이 없고 해결은 나지 않습니다. 우리가 할 수 있는 것은 모든 환경과 걱정을 주님 앞에 내려놓고 주님만 온전히 바라보며 나아가는 것임을 믿습니다.

신실하신 하나님만 의지할 때 우리 안에 위로와 평화가 있고 질병의 치유하심이 있으리라 믿습니다. 주께서 함께하사 환우들 안에 있는 두려움이 사라지고 참 평화를 누리며, 주님의 만지심으로 인하여 치료과정도 원활하게 진행될 수 있도록 인도하여 주옵소서.

투석을 통하여 몸 안에 있는 독성물질이 제거되고 깨끗한 혈액이 되듯이 투병의 시간을 통해 지체들의 영혼도 주님의 보혈로 정결케 되기를 원합니다.

"우리가 아직 죄인 되었을 때에 그리스도께서 우리를 위하여 죽으심으로 하나님께서 우리에게 대한 자기의 사랑을 확증하셨느니라."(롬 5:8)

우리가 죄인이었을 때도 버리지 아니하시고 우리를 위해 죽으심으로 주님의 사랑을 보여주신 주님!

지금 우리에게 있는 것은 병들고 연약한 육신뿐이지만 주께서 보여주신 그 사랑에 온 맘과 정성을 다해 찬양을 올립니다.

주님께서 채찍에 맞음으로 우리가 나음을 입었다는 이사야의 고백처럼 주님으로 인해 질병으로부터 나음을 입고 신장과 주변 장기들이 강건해질 것을 믿고 감사를 드립니다.

환우들이 겪는 고통 중에도 늘 함께하시는 주님이 계시기에 독수리가 날개 치며 창공을 날듯이 우리 환우들도 새 힘을 얻어 모든 것으로부터 자유하길 소망합니다.

우리의 영과 혼과 육신을 정결케 하시는 예수 그리스도의 이름으로 기도드립니다. 아멘.

심근경색 치유를 위한 기도

여호와께서 너를 지켜 모든 환난을 면하게 하시며
또 네 영혼을 지키시리로다
여호와께서 너의 출입을 지금부터 영원까지 지키시리로다 (시편 121:7~8)

주님이 계시기에 내가 존재할 수 있고 누군가를 위해 간구할 수 있음을 감사드립니다.
사람의 생명과 죽음이 하나님께 속해 있으니 우리는 주어진 삶에 최선을 다해 주님께 영광 돌리며 살기를 원합니다.
하지만 주님, 이왕이면 병들고 나약한 모습으로 살기보다는 건강하고 적극적으로 주를 위해 살다가 이 세상을 떠나길 원합니다.
이 세상에서의 사명이 다하는 그날에는 미련 없이 떠나 주님 품으로 가야 하겠지만 질병으로 어느 순간 다가올지 모르는 죽음에 대한 두려움을 늘 마음 한편에 가지고 산다면 너무나 그 삶이 불쌍하지 않습니까?
사랑이 많으신 주님!
긍휼을 베풀어 주옵소서. 특히 심근경색을 가진 환우들은 갑작스런 심장발작과 가슴 통증으로 늘 죽음을 생각하며 살아야 합니다.

그러한 두려움이 오히려 병을 악화시키고 불안함을 조성하여 소극적인 삶을 살게 되는 경우가 많습니다. 위로의 주님께서 함께 하여 주시기를 간절히 소망합니다.

평화의 주님!

환우들이 주님이 주시는 평화를 누리게 하시며 질병과 삶의 모든 문제를 주님께 맡기는 믿음으로 성숙해지게 하옵소서. 또한 심근경색이라는 질병으로부터 자유 할 수 있도록 치유하여 주옵소서.

갑작스런 심장마비가 와서 심장과 호흡이 멎었을 때 '심폐소생술'을 할 수 있는 이들이 주위에 있게 하시고 가능한 한 빨리 치료 받을 수 있는 환경을 예비하여 주옵소서.

심근경색을 일으키는 요인들이 자신의 건강을 생각하지 않은 부주의로 인한 것이었다면 회개하오니 긍휼을 베푸시고 용서하여 주옵소서.

심근경색을 일으키는 흡연이나 고혈압, 비만, 당뇨, 운동 결핍 같은 위험인자들이 먼저 치료되기를 원합니다.

규칙적인 운동과 식이요법, 그리고 적절한 약물치료들로 건강이 유지되기를 원하나 시술을 받아야 한다면 막힌 혈관의 혈전들이 잘 녹아지고 좁아진 관상동맥이 넓어져서 원활한 혈액순환이 이루어지게 하옵소서.
먹고 마시는 모든 것들을 주관하시는 주님!
건강한 신체를 위해서는 가장 기본적으로 건강한 혈관을 통해 건강한 혈액이 신체 각 조직에 잘 전달되어 충분한 영양분을 공급해야 된다고 합니다.
주님!
썩어질 몸을 위해서도 날마다 새로운 영양분이 공급되어야 하는데 우리의 영은 더욱 말할 것도 없을 것입니다.
우리 영이 건강하기 위해서는 주님께서 십자가에 흘리신 보혈의 능력이 필요함을 깨닫습니다.
십자가의 그 사랑을 늘 기억하고 치유하시는 하나님을 바라보며 낙심하지 않고 자신의 건강관리에 힘쓰는 환우가 되게 하옵소서.
"여호와는 너를 지키시는 자라 여호와께서 네 우편에서 네 그늘이 되시나니 낮의 해가 너를 상치 아니하며 밤의 달도 너를 해치 아니하리로다. 여호와께서 너를 지켜 모든 환난을 면케 하시며 또 네 영혼을 지키시리로다." 시 121:5~7

주님의 이 말씀 붙잡고 나아갑니다.

주님!

당신의 긍휼하심과 치유하심을 베풀어 주옵소서.

매일 아침을 기쁨으로 맞이할 수 있게 해주시고 하루하루의 삶을 건강으로 지켜주옵소서.

십자가의 희생으로 사망 권세를 이기신 예수 그리스도의 이름으로 기도드립니다. 아멘.

허리 디스크 치유를 위한 기도

은과 금은 내게 없거니와 내게 있는 이것을 네게 주노니
나사렛 예수 그리스도의 이름으로 일어나 걸으라 하고
오른손을 잡아 일으키니 발과 발목이 곧 힘을 얻고
뛰어 서서 걸으며 그들과 함께 성전으로 들어가면서
걷기도 하고 뛰기도 하며 하나님을 찬송하니 (사도행전 3:6~8)

만물을 주관하시는 주님!
신체의 중심인 허리, 항상 조심해야 하는데 건강에 대한 자만심 때문에 그 동안 주의해서 허리를 사용하지 못했던 무지함과 어리석음을 용서하여 주옵소서. 건강할 때 스스로 충분히 지킬 수 있었음에도 불구하고 건강관리에 너무나 소홀했습니다. 수술을 해야 할지, 재활치료를 받아야 할지, 아니면 민간요법으로 치료를 해야 할지 혼돈스럽습니다. 이 혼돈 가운데서 치료의 방향을 지혜롭게 선택할 수 있도록 도와주시며 치료의 때를 놓치지 아니하도록 인도하옵소서.
주님! 생활 가운데 육신의 불편이 있어 고통스럽습니다. 디스크는 완치가 없으며 다시 재발할 수 있다는 이야기를 들을 때면 불안하고 속상합니다. 제가 바른 자세와 태도를 갖고 생활

할 수 있도록 도와주시옵소서. 통증으로 인해 생활에 지장이 옵니다. 오래 앉아 있을 수도, 서 있을 수도 없으며, 더욱이 물건을 들지 못하는 어려움도 있습니다. 활동할 수 있는 생활의 양이 제한되어 있습니다. 언제 찾아올지 모르는 통증이 있지만 주님, 제가 어떠한 상황에서도 낙심하거나 실망하지 않도록 도와주시옵소서. 허리의 안정을 취할 때마다 새 힘을 공급시켜 주시고 마음의 평안 가운데서 치료를 받을 수 있도록 도와주시옵소서.

나의 고통 가운데서도 신음 가운데서도 외면하지 않으시고 나의 상황과 아픔을 아시는 주님!

가족도 친구도 나의 고통이 어느 정도인지 모르지만 오직 주님만이 나의 고통을 감찰하시며 아십니다. 주님 하루속히 고통에서 해방되고 생활에 지장이 없도록 치유하여 주옵소서.

주님 디스크는 근력을 키우고 올바른 자세를 가져야 하듯이 영적 근력을 키우고 주님만을 닮아가는 믿음의 자세를 바로 세우게 하옵소서. 그런즉 선줄로 생각하는 자는 넘어질까 조심하라, 말씀을 의지하여 항상 깨어있는 주님의 자녀 되게 하옵소서.

예수님의 이름으로 기도드립니다. 아멘.

만성피로 치유를 위한 기도

내가 산을 향하여 눈을 들리라 나의 도움이 어디서 올까
나의 도움은 천지를 지으신 여호와에게서로다 (시편 121:1~2)

언제나 우리를 새롭게 하시는 주님!
언제부터인가 일이 손에 잡히지 않고 진행이 더딥니다. 무언가 열심히 하고 있지만 자세히 들여다보면 헛걸음질을 하고 있다는 느낌이 듭니다. 공허합니다. 마음의 기쁨도 웃음도 잃어버린 지 오래되었습니다.
사랑의 주님, 긍휼을 베풀어 주옵소서.
일의 능률을 높이고 싶지만 진척이 없습니다. 별로 일한 것이 없는데 왜 이렇게 피곤한지 모르겠습니다.
날마다 새로운 은혜를 주시는 주님!
매일 매일의 삶 가운데서 저를 새롭게 하여 주시옵소서. 저를 회복시켜 주시옵소서. 그 동안 앞만 보고 달려왔습니다. 주위를 돌아보지 못했고, 돌아볼 수 있는 마음의 여유조차 지니지 못한 채 살아왔습니다.
특별히 저 자신을 돌보지 못했고, 저 자신을 사랑하지 못했습

니다. 감정과 욕구들, 마음속 깊은 곳으로부터의 외침을 외면해 왔습니다.

이제 좀 쉬고 싶다고 천천히 하자는 외침이 있었지만 주님, 저는 그 내면의 소리를 무시해 버리고 들으려 하지 않았습니다. 완벽을 추구하며 살아온 지극히 인간적인 저였습니다. 한계를 인정하지 않고 성취 중심적으로 제 자신을 다그치고 몰아붙이며 살아왔던 수많은 날들과 시간들을 회개합니다. 용서하여 주시옵소서. 이젠 이 허탈감과 아무리 쉬어도 풀리지 않는 만성적인 피로로부터 벗어나게 하옵소서.

평강의 주님!

제가 서두르지 않고 하나하나 다시 시작한다는 마음으로 살아가게 하옵소서.

매일의 삶 속에서 제 자신을 되돌아보는 시간을 갖게 하시고 세상의 분주함을 따라 살아가는 것이 아니라 이제는 주님의 말씀에 귀 기울이며 옛 습성에서 벗어나 몸과 마음의 균형을 잃어버리지 않는 지혜를 가지고 살아가게 하옵소서.

예수님의 이름으로 기도드립니다. 아멘.

소아 백혈병 치유를 위한 기도

**여호와께서 그를 병상에서 붙드시고
그가 누워 있을 때마다 그의 병을 고쳐 주시나이다
내가 말하기를 여호와여 내게 은혜를 베푸소서 내가 주께 범죄하였사오니
나를 고치소서 하였나이다** (시편41:3~4)

영광 받으시기에 합당하신 주님!

아이가 임신된 것을 확인하는 순간이 저에게 얼마나 큰 기쁨이었는지요. 우리 가정에 새로운 생명을 주신 주님! 아이가 태중에 있을 때의 움직임들을 저는 지금도 생생히 기억하고 있습니다. 하루하루가 다르게 아이가 성장하는 것을 느끼며 건강한 아이가 태어나기를 늘 마음으로 소망하여 기도했습니다. 그런데 주님, 지금 제 아이가 소아 백혈병이라는 엄청난 난관에 부딪혔습니다. 주님, 제가 어떻게 해야 합니까? 아무 걱정 없이 마음껏 뛰어놀아야할 이 시기에 우리 아이는 주사 바늘을 꽂은 채 누워 있고 항암주사로 인해 머리카락은 다 빠지고 입술은 퉁퉁 부어 있습니다. 주님, 어미 된 마음으로 차마 병실에 누워있는 아이를 쳐다 볼 수 없습니다. 주님, 어떻게 해야 합니까? 아이가 아프다고 소리치며 울부짖을 때 제 마음은

갈기갈기 찢어집니다. 이 아이는 저의 소망입니다. 저의 기쁨입니다. 주님께서 우리 가정에 주신 선물입니다. 주님, 부디 치료의 광선을 발하시어 골수를 소생시켜주시고 백혈병을 깨끗이 치료하여 주옵소서. 이 땅의 수많은 아이들이 매년 백혈병으로 진단되고 있습니다. 급속도로 증가되는 소아 백혈병을 현대의학으로 완치할 수 있도록 도와주시옵소서. 우리 아이 뿐 아니라 백혈병을 앓고 있는 아이들을 모두 치료하여 주옵소서. 모든 부모가 아이가 성장하여 학교에 가고 사회생활하며 가정을 이루는 것을 보게 하여 주옵소서. 주님! 힘든 치료 과정을 우리 아이가 잘 견디어 낼 수 있도록 도와주옵소서. 주님께서는 우리의 질고를 대신 져 주셨지만 저는 우리 아이에게 아무것도 해 줄 수 있는 것이 없습니다. 아이가 겪고 있는 아픔과 고통을 대신 져 줄 수 없지만 우리 주님께서는 아이의 아픔과 고통 중에 함께 하심을 확실히 믿습니다. 주님, 모든 백혈병을 일으키는 균들은 사라지게 하옵시고 우리 아이의 뼈와 살과 키가 날마다 건강히 자라게 하옵소서. 건강하고 씩씩한 주님의 자녀로 성장하여 주님의 영광을 드러내게 하옵소서. 저의 간절한 간구를 외면하지 마옵소서. 거룩하신 예수님의 이름으로 기도드립니다. 아멘.

성인 백혈병 치유를 위한 기도

여자가 자기에게 이루어진 일을 알고 두려워하여 떨며
와서 그 앞에 엎드려 모든 사실을 여쭈니
예수께서 이르시되 딸아 네 믿음이 너를 구원하였으니 평안히 가라
네 병에서 놓여 건강할지어다 (마가복음 5:33~34)

날마다 우리를 소생시켜 주시는 주님!
백혈병이 나에게 찾아오리라고 전혀 생각하지 못했었는데 하늘이 무너지는 것만 같습니다. 앞이 캄캄하고 심히 두렵습니다. 치료 과정도 무섭고 무엇보다 치료비를 생각하면 마음이 무겁습니다.
사랑의 주님!
기나긴 터널을 통과하고 있는 저를 격려해 주고, 저의 아픔과 고통을 헤아려 주는 좋은 의사 선생님을 만날 수 있도록 도와주시옵소서.
저의 주치의 선생님에게 지혜를 주시고 저의 상태를 정확히 진단해서 처방할 수 있도록 하시며 항암제가 잘 맞아서 치료의 효과를 높일 수 있도록 도와주옵소서.
우리가 아플 때 치료하시는 주님!

제가 항암의 고통 중에 있을 때 저를 돌아보시옵소서.

인간의 고통을 모두 하시는 주님!

매일의 생활 속에서 면역력을 높일 수 있도록 도와주옵소서.

무엇보다 제 곁에서 저의 투병생활을 지켜보고 있는 가족들을 위로하여 주시고 실망하거나 낙심하지 아니하도록 평안을 허락하여 주옵소서.

저의 치료 과정이 너무나 힘들어 주님께 간구조차 할 수 없을 때에도 주님께서는 그 자리에 저와 함께 하셨음을 이 시간 고백합니다.

어머니 모태에서 세포 하나하나를 조성하시고 DNA유전자를 아시며 머리털까지 세신 바 되시는 주님!

잘못된 곳을 고쳐 주시고 주님의 보혈로 깨끗하게 하시옵소서. 주님, 저의 생명이 주님께 속하였음을 고백합니다. 앞으로의 저의 생명도 주님 안에 있습니다. 저의 생명을 연장시켜 주시옵소서.

저에게 새 생명을 주시고 깨끗하고 정결한 혈액으로 바꾸어 주사 이 고통에서 건져내어 주시옵소서.

오늘도 살아계셔서 역사하시는 예수님의 이름으로 기도드립니다. 아멘.

체질이 약한 사람 치유를 위한 기도

내 은혜가 네게 족하도다
이는 내 능력이 약한 데서 온전하여짐이라 하신지라
그러므로 도리어 크게 기뻐함으로
나의 여러 약한 것들에 대하여 자랑하리니
이는 그리스도의 능력이 내게 머물게 하려 함이라 (고린도후서 12:9)

저의 산성이시며, 바위이시며, 뿔이신 하나님 아버지!
삶이 피곤하고 힘이 듭니다. 다른 사람들처럼 강행군을 해도 거뜬하게 감당할 수 있는 강인한 체력을 갖고 싶습니다.
하지만 주님, 건강이 우상이 되지 아니하며 무엇보다 먼저 제 모습 이대로 인정하며 받아들일 수 있도록 도와주옵소서. 제 것이 아닌 것을 가지고 불평하거나 원망하지 아니하도록 저의 입술을 지켜 주옵소서.
진정한 건강의 의미를 주님 안에서 다시 새롭게 바라볼 수 있도록 하옵소서.
무엇보다 영적이고 정신적인 건강함을 갖게 하시며 좌로나 우로나 치우치지 아니하는 걸음으로 하나님을 섬기게 하옵소서.
체력의 연약함에서 오는 한계를 매일의 생활 속에서 극복하게 하시고 시도해 보지도 않고 미리 겁먹고 포기하는 일이 없도록 도와주옵소서.

도리어 저의 육체가 자랑거리가 되지 아니하게 하심을 감사합니다.

제가 연약할수록 더욱 주님을 바라보며 제 육체의 한계를 느낄 때마다 제 안에 계시는 주님이 더욱 강해지기를 원합니다.

덜컥 찾아오는 건강 염려증에서 벗어나게 하시며 정신적으로 헤이해지거나 자신감을 잃어버리지 않도록 도와주옵소서.

주님이 공급하시는 힘으로 일상생활에서 활력을 되찾게 하시고 약하다는 생각에 지배당하지 않고 주님의 은혜 속에서 늘 강건함으로 살아갈 수 있도록 도와주옵소서.

예수님의 이름으로 기도드립니다. 아멘.

무기력 치유를 위한 기도

오직 여호와를 앙망하는 자는 새 힘을 얻으리니
독수리가 날개치며 올라감 같을 것이요
달음박질하여도 곤비하지 아니하겠고
걸어가도 피곤하지 아니하리로다 (이사야 40:31)

피곤한 자에게 날마다 능력을 더하시는 주님!
제가 더없이 작아 보이고 무능력하게 느껴집니다. 넌 왜 그것밖에 할 수 없느냐고 말하며 제 자신을 자책하면서 여기까지 왔습니다. 스스로를 인정하지 못하고 제가 처해 있는 모든 환경과 상황이 못마땅하기만 합니다.
주님, 왜 자꾸 "너는 할 수 없어!" "너는 해도 안돼!"라는 외침들이 끊임없이 제 속에서 메아리쳐 올라옵니까?
주님!
이런 마음의 올무에서 벗어나 자유함을 얻게 하옵소서. 저를 낙담케 하는 생각의 굴레에서 벗어나고 싶습니다. 해방되고 싶습니다.
주님, 이 암담한 상황과 절규 가운데서 건져내 주옵소서. 모든 일들은 마음먹기에 달려 있다고들 하는데... 주님, 정말 그렇습니까?

무능한 자에게 힘을 더 하시는 주님!

자신감을 회복하고 싶습니다. 어디서부터 잘못되었는지요? 도무지 어떻게 풀어나가야 할지 모르겠습니다. 자신을 살필 수 있는 안목을 갖게 하옵소서. 제 마음을 아시고 저를 감찰하시는 주님께서는 제 자신이 결정적으로 낙심하며 좌절되었던 한 순간 그곳에 계셨음을 고백합니다. 매일 매일 부딪히는 관계 속에서 제 자신을 성장시키며 발전시키는 기회로 삼게 하옵소서.

여호와를 앙망하는 자에게 새 힘을 주시는 주님!

무엇보다 마음에서부터 포기되는 순간에도 주님께서는 저를 주목하고 계심을 믿습니다. 자포자기로 다가오는 시간 속에서 헤쳐 나가며 풀어나갈 수 있는 능력과 새 힘을 저에게 공급하여 주시옵소서. 하나님의 자녀로 "내게 능력 주시는 자 안에서 나는 모든 일들을 할 수 있습니다."라고 고백하며 승리하게 하옵소서.

예수님의 이름으로 기도드립니다. 아멘.

골다공증 치유를 위한 기도

**여호와가 너를 항상 인도하여
메마른 곳에서도 네 영혼을 만족하게 하며
네 뼈를 견고하게 하리니
너는 물 댄 동산 같겠고
물이 끊어지지 아니하는 샘 같을 것이라** (이사야 58:11)

마른 곳에서도 우리의 영혼을 견고케 해 주시는 주님!
골다공증성 척추골절의 통증이 이런 고통을 가져다주는 줄 미처 몰랐습니다. 밤잠을 설치는 고통에서 이제 저를 건져내주옵소서.
주님! 저의 황폐해진 골 조직을 새롭게 하여 주시옵소서. 골다공증으로 인해 뼈가 쉽게 부서질 수 있는 고관절과 척추와 손목에 골절이 일어나지 않도록 저를 보호하여 주시옵소서.
주님, 이제는 더 이상 뼈의 손상이 일어나지 않도록 막아주시옵소서. 칼슘과 비타민 D가 풍부한 음식을 섭취할 때 영양분들이 온전히 뼈 속으로 스며들게 하시고 균형 잡힌 식생활이 되게 하시며 규칙적인 운동이 습관화되게 하옵소서.
우리를 견고케 하시는 주님!

골다공증치료가 언제 끝날지 모르는 기약 없는 시간들 속에서 지치지 않도록 하시며 치료 과정 가운데 주님의 은혜를 구합니다.

하나님이 주신 몸을 소중히 여기며 무엇보다 예방이 중요함에도 불구하고 건강관리를 소홀히 했던 지난 시간들을 회개합니다. 골다공증이 되풀이 되지 않도록 지금부터라도 칼슘이 풍부한 음식을 섭취하며 규칙적인 운동을 할 수 있도록 저의 의지를 새롭게 하여 주시옵소서.

주님의 은혜 안에서 저의 뼈들을 소생시켜 주시고 주님이 함께 하심으로 육체의 한계를 뛰어넘는 것이 어떤 의미인지를 깊이 있게 깨달을 수 있도록 도와주옵소서. 제 육체의 한계와 연약함을 통해 오히려 주님께 더욱 가까이 나아갈 수 있도록 도와주옵소서.

생명의 근원이신 주님!

질병을 안고 살아가는 법과 질병의 염려와 근심에서 벗어나 자유함으로 하루하루 살아가는 법을 배우게 하옵소서.

예수님의 이름으로 기도드립니다. 아멘.

살이 찌지 않는 저체중 치유를 위한 기도

모든 은혜의 하나님 곧 그리스도 안에서 너희를 부르사
자기의 영원한 영광에 들어가게 하신 이가
잠깐 고난을 당한 너희를 친히 온전하게 하시며 굳건하게 하시며
강하게 하시며 터를 견고하게 하시리라 (베드로전서 5:10)

날마다 우리를 풍성한 은혜로 채워주시는 주님!
저체중이 문제가 되어 여러 질환이 동반되지 않기를 원합니다. 충분한 영양섭취를 해야 함에도 불구하고 저의 게으름과 나태함으로 인해 건강을 해치고 있는 것은 아닌지요?
주님!
제 성격의 예민함과 날카로움 때문에 체중이 자꾸 떨어지는 것은 아닌지요? 어디 아픈 것은 아니냐고 더 마르는 것 같다는 이야기를 들을 때마다 혹시 저도 모르는 질병이 생긴 것은 아닌가하고 문득 두려움을 느끼게 됩니다.
모든 염려를 다 아시는 주님!
저에게 넉넉한 마음을 주시고 먹는 것마다 모두 피와 살이 되게 하옵소서. 저체중으로 인해 질병에 대한 저항력이 감소되지 않기를 원합니다. 주님, 체중 부족으로 피로감도 쉽게 느껴

집니다. 추위에 더욱 민감하여 겨울이 되면 찬바람이 뼈 속까지 스며듭니다. 주님 생활에서 부딪히는 일들과 관계 속에서 벌어지는 사건들을 마음의 여유와 넉넉함을 가지고 편안하게 대할 수 있게 하옵소서. 예민함으로 인해 지나치게 따지고 이리저리 계산하기 때문에 어떨 때는 제 자신도 힘이 들고 피곤합니다. 이런 저의 성향으로 인해 주변 사람들을 괴롭게 하는 것은 아닌지요.

가장 가까이에서 사랑하고 편안해야 할 가족들에게 상처를 주는 것은 아닌지요. 부정적인 영향을 미치는 요인들이 어디에서부터 생겨나는 것인지요? 주님, 근원부터 회복되어지는 놀라운 역사가 있기를 원합니다. 주님! 단백질과 영양식품의 불균형 섭취는 없었는지 짜고 매운 자극성 식품의 과잉섭취는 없었는지 살펴보게 하시고 규칙적인 식생활 습관을 갖게 하시며 식사조절과 함께 규칙적인 운동도 병행하게 하옵소서.

주님! 지나친 스트레스를 해소할 수 있는 방법들을 배워 나가게 하시고 무엇보다 제 마음을 평화롭게 하사 정상인과 같은 몸무게를 갖게 하옵소서. 주님 안에서 영육간의 강건함을 회복시켜 주옵소서.

예수님의 이름으로 기도드립니다. 아멘.

교통사고로 인한 상처와 고통 치유를 위한 기도

두려워하지 말라 내가 너와 함께 함이라
놀라지 말라 나는 네 하나님이 됨이라
내가 너를 굳세게 하리라 참으로 너를 도와 주리라
참으로 나의 의로운 오른손으로 너를 붙들리라 (이사야 41:10)

날마다 우리를 도우시는 주님!
정말 순간적인 사고였습니다. 병실에 누워 있는 지금 이 시간에도 사고의 충격에서 벗어나지 못하고 있습니다. 사고 당시의 상황들이 자꾸 눈앞에 그려져 고통스럽사오니 함께하여 주옵소서. 주님, 어느 때는 자다가도 놀라서 번쩍번쩍 잠에서 깨어나곤 합니다. 사고 당시의 상황들을 생각하면 지금도 소름끼치도록 끔찍합니다. 가슴이 두근두근 거리며 답답합니다. 주님 이제는 가해자에 대한 분노와 원망으로 인해 더 이상 제 자신을 괴롭히지 않게 하옵소서. 앞으로 살아가는 동안에도 저를 교통사고의 모든 위험으로부터 지켜주시옵소서. 수많은 사람들이 한순간의 실수로 인해 아픔을 겪고 있습니다. 그 고통 가운데 주님의 긍휼을 베풀어 주옵소서.
의로운 오른손으로 날마다 우리를 붙드시는 주님!
충격을 받았던 근육과 뼈들이 긴장과 놀람 가운데서 다시 안정을 되찾을 수 있도록 도와주옵소서. 또 다시 언제 어떻게 사고의 증상들이 나타날지 몰라 두렵습니다. 이 시간 예수 그리스도의 거룩한 보혈의 피로 교통사고의 모든 상처와 고통 가운데 있는 저를 덮으사 깨끗케 하옵소서.

우리의 고통을 들으시는 주님!

깊은 외상을 당해 고통 중에 있는 환우들을 위해 기도합니다. 무엇보다 팔이나 다리를 잃어버린 환우들의 깊은 상실감과 좌절로부터 일으켜 세워 주시옵소서. 환우들을 외면하지 마옵시고 함께 동행 하며 위로하여 주옵소서. 마음을 어루만져 주시옵소서. 환우들의 재활치료 가운데도 주님의 은혜를 간구합니다. 주님, 신경 계통의 장애로 인해 신체가 마비된 환우들을 위해 기도드립니다.

주님, 환우들의 신경세포와 조직들을 다시 회복시켜 주시옵소서. 의학의 한계를 뛰어넘을 수 있는 주님의 은혜를 온 마음으로 구합니다.

주님, 도와주옵소서. 이제는 저에게 사고의 신체적, 정신적 충격에서 벗어나서 일상생활로 되돌아 갈 수 있는 은혜를 허락하여 주시옵소서.

예수님의 이름으로 기도드립니다. 아멘.

우울증 치유를 위한 기도

아무 것도 염려하지 말고 다만 모든 일에 기도와 간구로,
너희 구할 것을 감사함으로 하나님께 아뢰라
그리하면 모든 지각에 뛰어난 하나님의 평강이
그리스도 예수 안에서 너희 마음과 생각을 지키시리라 (빌립보서 4:6~7)

우리의 생각과 마음을 지키시는 주님!
가정에서 직장에서 사람들과의 관계를 지탱해 나갈 수 있는 힘이 점점 상실되어 가는 것만 같습니다. 무엇인가를 새로 시작한다는 것이 두려움과 막막함으로 다가옵니다. 주님, 제 마음은 이미 깊이 가라앉아 있고, 제 어깨는 축 늘어져 있으며 한 걸음 한 걸음 내딛기가 힘이 듭니다. 무엇보다, 하고자 하는 의욕이 없습니다. 저의 발목을 잡고 저의 마음과 생각을 내리 누르고 있는 어둠의 권세들을 단호히 벗어버리고 담대히 내던질 수 있는 힘을 공급하여 주옵소서. 충격적이고 고통스런 생활 속에서도 꿋꿋하게 잘 견디어 나가는 사람들을 보면 너무나 부럽습니다. 그런데 저는 왜 사소해 보이는 사건에도 마음이 쓰이며 그것에 매여 상처입고 영향을 받고 살아야만 하는지요? 주님, 이제는 괴롭고 고통스러운 정서 상태에서

해방되고 싶습니다. 주님, 도와주옵소서. 이 시간 하나님을 바라보며 나아가게 하옵소서. 사탄의 권세에 의해 휘둘리지 아니하며 주님의 말씀만이 저를 주장하기를 원합니다. 삶을 황폐하게 만들고 고통스럽게 만드는 이 우울이라는 심리적 독감에서 해방되게 하시옵소서. 주님께서는 사람들이 영적으로 정신적으로 심리적으로 신체적으로 건강함을 유지하기 원하시지 않습니까? 심리적인 기복이 너무 심해 제 자신도 주체하기 힘들지만 주님께서 근원부터 치유해 주시며 회복시켜 주실 줄 믿습니다. 주님께서 저를 가장 잘 알고 계심을 믿습니다. 고난과 어두운 터널의 한가운데서 묵묵히 바라보시며 주님께서 함께 하고 계심을 믿습니다. 사랑하는 주님, 슬픈 감정과 좌절감에서, 죄책감에서, 고독감에서, 비존재감에서, 허무함과 절망감에서, 비관적인 생각에서, 나는 주님의 이름으로 해방되었노라, 이제는 그런 고통스러운 정서가 저를 지배할 수 없습니다. 세상을 향해 담대히 질주하는 하나님의 거룩한 백성 되게 하옵소서. 주님, 이제는 제가 느끼고 경험하는 모든 사건과 처해 있는 상황 가운데서 주님과 동행함으로 넉넉히 승리하는 생활이 되도록 인도하여 주옵소서.
예수님의 이름으로 기도드립니다. 아멘.

불안장애 치유를 위한 기도

공중의 새를 보라 심지도 않고 거두지도 않고
창고에 모아들이지도 아니하되 너희 하늘 아버지께서 기르시나니
너희는 이것들보다 귀하지 아니하냐
너희 중에 누가 염려함으로 그 키를 한 자라도 더할 수 있겠느냐
또 너희가 어찌 의복을 위하여 염려하느냐
들의 백합화가 어떻게 자라는가 생각하여 보라
수고도 아니하고 길쌈도 아니하느니라 (마태복음 6:26~28)

우리와 날마다 동행하시는 주님!

과도한 걱정으로 인해 가슴이 두근두근 거립니다. 무언가 좋지 않은 일이 벌어질 것만 같은 막연한 불안감이 자꾸 느껴지며, 사소한 걱정들로 인해 머리가 무겁습니다. 주님, 이유를 알 수 없는 불안한 상태에서 벗어날 수 없습니다. 주님, 남편이 직장을 잃을까, 아이가 학교에서 따돌림을 당하지 않을까, 가족들이 아프거나 사고를 당하지 않을까, 주변 사람들이 나를 싫어하지 않을까, 도둑이 들지 않을까 하는 일상생활에 대한 크고 작은 염려와 근심들로 인해 마음의 평안을 잃어버린 지 오래되었습니다. 걱정이 때로는 불필요하고 과도하다는 것을 알고 있지만 멈출 수가 없습니다. 안절부절하며 긴장상태

로 있게 되어 몹시 피곤하고 하루하루 생활이 힘들고 고통스럽습니다. 주님 이제는 주님 안에서 마음의 평안과 자유함이 회복되기를 간절히 원합니다.

생사화복을 주장하시는 주님!

불필요하고 과도한 걱정에 집착하기 때문에 우유부단하고 꾸물거리게 됩니다. 그러므로 인하여 현실적인 문제들을 잘 대처하지 못하고 꼭 처리해야 할 시급한 문제를 지나쳐 어려움이 커지고 엉뚱한 일들이 생겨나곤 합니다. 이제는 제 자신의 무거운 마음의 짐을 주님 앞에 내려놓기를 간절히 원합니다.

"수고하고 무거운 짐 진 자들아 다 내게로 오라 내가 너희를 쉬게 하리라"는 주님의 말씀처럼 마음의 쉼과 영혼의 쉼이 회복되어지기를 소망합니다. 주님께 이 시간 제 마음을 내어 드립니다.

주님!

근심과 염려로 해결될 수 있는 것은 아무것도 없습니다. 오직 기도와 간구로 주님께 맡겨 드리는 매일 매일의 삶이 되도록 은혜를 베풀어 주옵소서.

예수님의 이름으로 기도드립니다. 아멘.

난치병 치유를 위한 기도

나의 영혼아 잠잠히 하나님만 바라라 무릇 나의 소망이 그로부터 나오는도다 오직 그만이 나의 반석이시요 나의 구원이시요 나의 요새이시니 내가 흔들리지 아니하리로다 나의 구원과 영광이 하나님께 있음이여 내 힘의 반석과 피난처도 하나님께 있도다 (시편 62:5~7)

저의 반석이시며 구원이시요 산성이신 주님!
목이 메어 주님께 무어라 말씀드릴 힘조차 저에겐 지금 남아 있지 않습니다. 저의 머릿속엔 아무 생각이 없습니다. 마음에는 그 어떠한 희망도 소망도 남아 있지 않습니다. 주님, 이 고통과 외로움의 깊은 늪에서 아무런 손도 쓸 수 없이 허우적거리는 저를 계속 보고만 계시렵니까? "너는 내가 나의 피 값으로 구원한 나의 사랑하는 자녀"라고 지금도 변함없이 말씀하시지만 저는 왜 그 고백이 마음 깊이 와 닿지 않습니까? 왜 허공을 치며 메아리 쳐 울리기만 합니까? 주님! 지금 저에게 남아있는 것은 아무것도 없습니다. 주님, 언제까지 저를 이 고통과 절망의 수렁 가운데 내버려두시렵니까? "나의 영혼아 잠잠히 하나님만 바라라. 나의 소망이 저를 좇아 나오는도다." 주의 말씀이 내면 깊은 곳에서부터 들려오기를 소망합니다. 오직 하나님만 바랄 수 있는 믿음을 이 시간 회복시켜 주옵소서. 주님! 그 동안 하고 싶은 일도, 소망도, 꿈도, 계획도, 많이 있었지만 이젠 그 어떤 것도 저에게는 의미가 없습니다. 무의미합니다. 지금 이 시간에는 오직 주님만이 저의 피난처가 되심을 고백합니다. 그렇습니다. 오직 주님만이 저의 산성, 저의 요새가 되십니다.

주님, 저를 외면하지 마옵소서. 주님 곁으로 가는 순간까지 저에게 내미신 손을 거두지 마옵소서. 두려움 중에 있을 때에도 저를 돌아보시고 주님 안에서 영원한 소망을 바라보게 하옵소서. 온전히 주님께 연합되는 것이 무엇인지 저로 하여금 경험케 하옵소서. 발병 원인조차 알 수 없는 이 외로운 싸움에서, 모든 사람이 무관심한 가운데서 오직 주님만이 처절한 저 자신을 주목하고 계심을 믿습니다. 주여, 주님만이 아시는 이 난치병을 살피셔서 보혈의 피로 씻어주옵소서. 그리 아니하실지라도 주님을 원망하거나 죄를 범하지 않도록 붙드시며 평안으로 인도하여 주옵소서. 주님 저의 믿음의 고백이 헛되지 아니하며 난치병으로 인한 병상의 자리가 더욱 주님께 가까이 나아갈 수 있는 은총의 자리가 되게 하옵소서.

예수님의 이름으로 기도드립니다. 아멘.

식도암 치유를 위한 기도

내 이름을 경외하는 너희에게는 공의로운 해가 떠올라서 치료하는 광선을 비추리니 너희가 나가서 외양간에서 나온 송아지 같이 뛰리라 (말라기 4:2)

하루하루 매순간을 살피시는 거룩하신 하나님 아버지! 은혜에 감사드립니다. 아버지의 식도암 투병 중에 살아계셔서 역사하시는 주님, 아버지의 목소리가 갑자기 쉬고, 음식물이 잘 넘어가지 않을 땐 그저 지나가는 감기로 목이 부었겠지라고 여겼습니다. 그러나 종합검진을 하다 아버지가 식도암이라는 진단을 들었을 때, 하늘이 내려앉고 땅이 꺼지는 줄로만 알았습니다. 온 육신과 마음이 암으로 퍼져 있는 아버지를 불쌍히 여겨주옵소서. 한 생명이 이렇듯 안개처럼 사라질 수도 있음을 깨닫게 하신 주님, 쉽게 넘길 수 있는 물 한 모금과 밥 한 숟가락에 얼마나 큰 주님의 사랑이 스며있는지 이제야 깨닫습니다. 평소 청년 같은 목소리를 주셨건만 저의 아버지는 일생 동안 한 번도 목이 쉬어터질 만큼 주님을 찬양해 보지 못했습니다. 그런데 이렇게 목소리를 잃어야 하는지요? 육신이 건강하여 무엇이든 잘 먹을 수 있었을 때 미처 영혼의 양식을 준비해 놓지 못했습니다. 주님, 용서해 주시옵소서. 가난하고 죄악으로 물든 영혼으로 아버지가 이 세상을 떠나야 하는 것인지요. 식도에 커다란 암 덩어리가 자라고 있는 것을 알고 나서야 비로소 죄악으로 찌든 영혼을 책망하고 계심을 알았습니다. 아버지를 불쌍히 여기시고, 고통 중에 깨어지고 낮아져 있는 영혼 속에 오셔서 주님의 사랑을 드러내 주시옵소서. 주님의 사랑에 찬양과 영광을 돌리게 하옵소서. 치료의 광선을 발하시는 거룩하신 주님, 세 갈래 네 갈래로 갈라졌지만 아버지가 쉰 목소리로 주님을 찬양합니다. 죽 몇 숟가락밖에 못 드시지만 그 기운을 갖고 열심히 성전으로 향하는 저희 아버지의 모습을 주님께 올려드립니다. 주여! 이렇게 서서히 주님의 은총으로 아버지 영혼에 찌든 죄악 덩어리가 녹아내리게 하심을 감사합니다. 이제는 주님께서 능력의 손을 내밀어 안수하시고 식도의 암 덩어리를 완전히 녹여주옵소서. 온 육신이 깨끗하도록 의로운 해를 비춰 주옵소서. "내가 어떻게 치료하는가 보라!"고 하신 주님의 말씀대로 이루어짐을 믿습니다. 그리고 저의 아버지의 남은 인생이 온전히 주님을 증거하고 영광을 돌리는 데 쓰이게 하옵소서!

예수님의 이름으로 기도드립니다. 아멘.

폐암 치유를 위한 기도

예수께서 또 이르시되 너희에게 평강이 있을지어다
아버지께서 나를 보내신 것 같이 나도 너희를 보내노라
이 말씀을 하시고 그들을 향하사 숨을 내쉬며 이르시되 성령을 받으라
(요한복음 20:21~22)

우리에게 날마다 생기를 주시고 호흡하게 하시는 주님께 찬양과 영광을 올려드립니다.
주님! 밤만 되면 병실에 거하지 못하고 멀리 처치실에서 고통을 당하는 환우가 있습니다. 숨이 넘어갈 듯 고통스런 환우의 기침소리가 들려옵니다. 주님, 환우가 온 몸을 쥐어짜며 토해놓은 고통스런 기침 소리로 인해 마음이 아파옵니다. 살아계셔서 날마다 우리에게 사랑을 공급해 주시는 주님, 폐암으로 고통 중에 있는 환우를 불쌍히 여겨주옵소서.
사랑의 주님!
사력을 다해 뱉어내는 혈담과 가래. 폐암이란 병이 얼마나 고통스럽고 무시무시한 병인가 생생하게 마음에 다가옵니다. 주님, 허무한 기운을 잔뜩 머금고 허공을 바라보고 있던 환우의 방황하고 지친 모습이 떠오릅니다. 지난날 환우가 호흡 속에

깃든 하나님의 기운을 망각한 채 살아왔음을 용서해 주옵소서. 숨을 쉬는 거룩한 존재이나 영성은 파괴된 채 육신의 호흡만을 줄기차게 쉬며 살아온 환우를 불쌍히 여겨주옵소서. 폐가 망가져 숨을 쉴 때마다 섞여 나오는 쌕쌕 소리가 구원의 손길을 내미는 주님의 음성으로 들려지게 하시고 회개함으로 나아가게 하옵소서. 그리하여 생명의 기운이 눈 뜨는 그곳에 폐암을 소멸시켜 버리는 강력한 치유의 불꽃이 임하게 하옵소서. 사랑의 주님, 환우가 고통 중에 있을 때 주님께서 그곳에 오셔서 눈물 흘리시며 환우를 뜨겁게 품어 안아 주심을 체험하게 하옵소서. 주님의 뜨거운 사랑 앞에 무릎 꿇게 하시고, 주님의 치료의 은혜를 갈망하게 하옵소서.

사랑의 주님, 지친 영혼과 암으로 썩어 들어가는 환우에게 오셔서 안수하시고 새롭게 폐를 만드시고 깨끗하게 하옵소서. 환우의 코에 생기를 불어넣어 주시므로 새로운 생령 되게 하시고 부디 기침 한 자락 없이 편안히 호흡하게 하옵소서. 이제 주님의 이름으로 다시 거듭난 산 자의 영혼과 주님의 자녀로 살아가게 하옵소서. 환우가 안식과 쉼을 누리므로 주님의 영광을 드러내는 삶을 살게 하옵소서. 예수님의 이름으로 기도드립니다. 아멘.

당뇨병 치유를 위한 기도

내가 주는 물을 마시는 자는 영원히 목마르지 아니하리니
내가 주는 물은 그 속에서 영생하도록 솟아나는 샘물이 되리라
(요한복음 4:14)

목마르지 아니할 영원한 생명의 물을 주시는 주님!
당뇨병으로 인하여 목이 마르다고, 갈증 때문에 못살겠다고 벌컥벌컥 물을 마시는 환우를 보면 제 마음 깊은 곳에선 울컥 피눈물이 솟구쳐 올라옵니다. 제가 환우를 사랑하기 때문입니다. 제가 환우의 가족을 사랑하기 때문입니다. 저보다도 더 끔찍이 환우와 그 가족을 사랑하시는 하나님 아버지, 환우에게 아버지의 사랑으로 덧입혀 주시고 치유의 능력으로 임하여 주옵소서. 비록 환우가 주님을 믿다가 시험 들어 주님을 멀리하였사오나 그럼에도 긍휼이 여기시는 주님, 이 당뇨의 질병을 통해 믿음을 회복시키시고 환우와 그 가족이 주님께 돌아오게 하옵소서. 환우의 몸에서 인슐린이 빠져나가 면역력을 떨어뜨리고 있사오니 치료의 빛을 비춰주옵소서. 주님 없는 삶은 바닷물을 마시고 또 마셔도 더욱 목마르듯이 환우의 영혼에서

주님의 은총도 빠져나가 목마르고 타는 듯 영혼의 갈급함을 환우가 깨닫게 하옵소서! 죽어가는 영혼을 사랑하고 간절히 부르시는 주님의 크신 사랑과 오래참고 기다리시는 은혜를 환자 스스로 깨닫게 하시고 무릎 꿇고 회개하게 하옵소서. 이제는 음식을 가려먹어야만 살 수 있는 육체가 되었듯이 세상 것과 천상의 것도 가려먹을 줄 아는 영혼이 되게 하옵소서. 주님과 멀어졌던 삶이 허무함과 고단함이 컸던 만큼 이제는 주님께 돌아와 마음의 강에 흘러넘칠 은혜의 샘물을 마음껏 마시게 하시고, 영원히 목마르지 아니할 영혼의 만족함을 누리게 하옵소서. 세상이 결코 줄 수 없는 영생을 성령의 은혜로 주님을 영접하며 거듭나게 하옵소서.

사랑의 주여! 이제는 환우가 스트레스에서 벗어나 영생의 샘물을 마음껏 퍼 올리는 펌프가 되기를 원합니다. 그리하여 사슴과 같이 날쌘 발로 높은 곳을 힘차게 뛰어다니며, 하나님과 영적으로 아름다운 교제가 날마다 이어지게 하옵소서. 그러므로 주님께서 주시는 의와 평강과 희락의 능력으로 당뇨병도 깨끗이 치료되는 기적을 체험하게 하옵소서.

알파와 오메가 되시며 치료자이신 예수님의 이름으로 간절히 기도드립니다. 아멘.

자궁암 치유를 위한 기도

예수께서 말씀으로 귀신들을 쫓아 내시고 병든 자들을 다 고치시니
이는 선지자 이사야를 통하여 하신 말씀에 우리의 연약한 것을
친히 담당하시고 병을 짊어지셨도다 함을 이루려 하심이더라
(마태복음 8:16~17)

생명을 잉태하도록 자궁을 창조하신 주님!
사랑하는 환우가 5년 만에 어렵게 아기를 얻었지만 4개월이 지나서 자궁암을 발견하여 결국 아기를 잃고 말았습니다. 주님 아기를 잃은 상한 마음과 자궁암으로 인해 오는 육신의 고통을 앓고 있는 환우를 어떻게 위로할 수 있겠습니까. 주여 사랑하는 자매를 어찌하면 좋습니까. 환우를 불쌍히 여겨주시고 성령으로 임하셔서 위로해 주시고 치유하여 주옵소서. 아기를 낳은 후 수술을 하겠다고 버틴 환우였지만, 종양이 너무 커 아이도 자연 유산되고 말았습니다. 무엇보다 결혼 5년 만에 가진 아기여서 남편과 가족들의 상심 또한 말할 수 없을 정도입니다. 생명은 주님이 창조하시고 주관하시는 일이온데 왜 환우에게 이런 일이 일어났는지, 저희는 모르지만 주님의 뜻이 있으리라 믿습니다. 사랑의 주님, 가족들의 고통 중에도 함께

하셔서 이들을 위로해 주옵소서. 항암치료를 하고 수술한 뒤 다시 아기를 갖기 위해서는 또 몇 년의 시간을 보내야 할 터인데, 항암치료의 시간 또한 잘 극복하게 하시고, 합병증으로 인한 부작용이 일어나지 않게 하시며, 자궁을 새롭게 창조하시어 다시 생명을 잉태할 수 있는 은총을 베풀어 주옵소서. 평강의 주님 치료기간 동안 불안해하지 않게 하시며 다시 아기를 가질 수 있다는 믿음과 소망을 품고 주님이 주시는 온전한 안식 속에 평안히 치료에 임할 수 있게 도와주옵소서. 주님, 환우에게 새 힘과 소망을 주셔서 이 모든 어려움을 극복하게 하옵소서. 마음의 깊은 상처도 치유하여 주옵소서. 사랑의 주님, 치유를 넘어 영혼을 구원하시는 주님을 만나고 영접하므로 새로운 인생이 되게 하옵소서. 혹 자녀를 낳을 수 없는 상황이 온다 할지라도 낙심하지 않게 하시며 이 땅에 모든 아이들을 사랑하고 보듬어주는 더 크신 사명을 감당하는 부부되게 하옵소서. 또한 하나님의 치유하심을 경험하므로 수많은 질병으로 고통당하는 환우들에게 소망의 기쁜 소식을 전하는 편지가 되게 하옵소서.

자매와 그 가족들에게 날마다 건강과 복을 더하여 주시기를 간절히 간구하며 예수님의 이름으로 기도드립니다. 아멘.

유방암 치유를 위한 기도

그가 찔림은 우리의 허물 때문이요 그가 상함은 우리의 죄악 때문이라
그가 징계를 받으므로 우리는 평화를 누리고 그가 채찍에 맞으므로
우리는 나음을 받았도다 (이사야 53:5)

이 땅의 딸들을 아름다운 여인이 되게 하신 하나님 아버지!
가슴에 몽우리가 만져지며 젖을 먹이는 것도 아닌데 하얀 분비물이 나와 제 가슴이 잘못되어가고 있다는 생각에 두려움이 앞섰습니다.
하지만 이를 극복하게 하시고 수술을 잘 받게 하시니 감사드립니다.
사랑의 주님!
완치가 되었다고 좋아하는 것도 잠시, 암이 다시 재발되고 말았습니다.
단지 수술을 통해 완치된 것으로 생각한 저의 믿음의 연약함을 용서해 주옵소서.
의사 선생님은 단지 암을 칼로 제거했을 뿐이고, 암을 녹이고 사라지게 하고 온전케 하시는 능력이 주님께 있음을 고백하니

다. 그 사실을 잊어버리고 다시 세상적인 생각 속에 사로잡혀 마음대로 살아왔습니다.

주님을 경외하는 것이 치료의 양약임을 잊었습니다.

주님!

이제야 진정으로 무릎 꿇고 주님 앞에 나아갑니다. 저를 용서해 주시고, 제 심령에 오셔서 범사에 주님을 인정하고 경외할 수 있는 큰 믿음을 부어주옵소서.

그리하여 주님을 향한 믿음으로 제가 치료되게 하옵소서.

우리를 창조하시고 섭리하시는 하나님 아버지!

수술 후 가슴 한쪽을 모두 도려내 가슴이 없다는 현실 앞에 하늘이 무너지는 절망감이 밀려옵니다. 알 수 없는 것에 대한 분노가 치밀어 오르기도 합니다.

"주님, 제가 왜요? 왜 하필 저입니까? 어디서부터 어떻게 잘못된 것입니까?"하고 앙탈을 부리고 싶지만 모든 죄가 저로 인한 것임을 알고 있습니다.

주님, 제 탓입니다. 저의 모든 죄를 도말하여 주시옵소서.

여자로서 가슴 한 쪽이 없다는 것보다 더 허전함은 마음 한쪽이 뚫린 것 같은 제 고갈된 영혼입니다.

주님, 제 마음에 오셔서 저를 만나주옵소서. 그동안의 저의 불신앙을 없애주시고, 제 공허한 영혼 속에 오시옵소서! 그리하여 주님의 사랑으로 채워 주옵소서.

세상을 이기게 하시는 주님!

저녁마다 딸에게 컴퓨터를 배우게 하심을 감사드립니다. 우연히 유방암으로 한쪽 가슴이 없는 사람들의 인터넷 모임에 동참할 수 있었습니다.

같은 처지의 사람들이 모여 있어 말도 잘 통하고 위로가 되었습니다.

주님!

이들을 만나게 해주심을 감사드립니다. 유방을 제거한 사람들과의 모임을 통해 그 동안 우울했던 제 마음에 사랑과 위로가 넘칩니다.

무엇보다 서로의 아픔을 누구보다 잘 알기 때문에 이제 제가 그들을 위로할 수 있게 되었습니다.

우리를 위로해 주시는 주님!

고통을 경험한 후 제가 먼저 이들을 위로하게 하심을 감사드립니다.

그들을 위해 중보 기도하고 주님의 사랑을 전하게 해주셔서 감사드립니다.

언제나 그들에게 힘이 되어 줄 수 있도록 저를 강권적으로 붙들어 주옵소서. 그리고 영적으로 늘 깨어 있는 믿음을 잃지 않게 하옵소서.

주님께 덤으로 받은 나머지 삶을 주의 영광을 드러내며 살 수 있도록 은총 베풀어 주옵소서.

예수님의 이름으로 기도드립니다. 아멘.

치매 치유를 위한 기도

여호와의 율법은 완전하여 영혼을 소성시키며
여호와의 증거는 확실하여 우둔한 자를 지혜롭게 하며
여호와의 교훈은 정직하여 마음을 기쁘게 하고
여호와의 계명은 순결하여 눈을 밝게 하시도다 (시편 19:7~8)

우리를 지극히 사랑하시는 주님!
우리에게 생각할 수 있는 능력과 기억력을 주셔서 감사합니다. 주님 치매로 인하여 기억력이 사라지고 희미해진 연로하신 영혼을 불쌍히 여겨주옵소서. 자신이 누구인지 모르고, 또 현재 일어나고 있는 일들도 자각하지 못하는 불쌍한 영혼을 기억하옵소서. 주님 이들은 시시각각 예측할 수 없는 위험에 노출되어 있습니다. 또한 갖은 구박과 냉대로 인해 인간의 존엄성이 상실된 채 마음은 갈기갈기 찢기어 있습니다. 인자하신 주님이시여 이들의 마음이 위축되지 않도록 도와주시며, 모든 공포와 불안 상처로부터 벗어날 수 있도록 도와주옵소서. 무엇보다 가족들을 끝까지 기억하며 항상 집을 잘 기억하여 찾아올 수 있도록 파수꾼이 되어주옵소서 더 이상 마귀의 공격으로 인해 인성이 파괴되지 않도록 지켜주옵소서. 주님 사회가 발전하여 살기 좋다고 하지만 치매환자는 갈수록 늘어나는 실정입니다. 나이가 많은 노인에게만 생기는 병이 아니라 이제는 젊은 사람들 중에도 치매환자를 찾기가 어렵지 않은 시대입니다. 하지만 이 무서운 병마의 원인이 정확히 무엇이며 효과적인 치료제는 어떤 것인지 아직 밝혀지지 않고 있습니다. 자비로우신 주님이시여 제대로 치료 한번 받아보지 못하고 방치되고 있는 이들을 긍휼히 여기사 당신의 전능하신 능력으로 고쳐주옵소서 그들의 머리에 손을 얹으시고 어둠이 물러가고 새로워진 지각을 회복하게 하옵소서. 풍성한 지혜의 샘물도 흐르게 하옵소서.

사랑의 주님!

치매를 연구하며 신약을 개발하는 사람들에게 지혜를 주셔서 좋은 치료제가 속히 개발되고 제조되어 환자와 그 가족에게 기쁜 소식이 되게 하옵소서. 절망으로 몸서리 쳤으나 이제는 주님이 주신 평안과 기쁜 마음으로 살아가게 해주시길 간절히 기원합니다.

그리하여 주님이 주신 소중한 인생을 가족과 이웃의 존경과 사랑을 받으며 살다가 천국으로 향하게 해주옵소서.

예수님의 이름으로 기도드립니다. 아멘.

아토피 피부염 치유를 위한 기도

**예수께서 손을 내밀어 그에게 대시며 이르시되
내가 원하노니 깨끗함을 받으라 하시니
즉시 그의 나병이 깨끗하여진지라 (마태복음 8:3)**

사랑하는 자에게 하나님의 영을 부어주시는 주님!
밤마다 심하게 가려움을 느껴 잠을 제대로 못 자는 작고 연약한 당신의 자녀를 불쌍히 여겨주옵소서. 너무 긁어서 코끼리 피부가 된 이 자녀를 긍휼히 여겨주옵소서. 우리의 환경이 이미 인스턴트 속에 길들여져 있습니다. 저를 어미로 택해 주셨사온데 주님, 부족하고 미련한 저 또한 이 인스턴트 환경 속에서 우리 아이에게 무엇을 먹여야 할지 무엇을 입혀야 할지, 때마다 변하는 날씨 속에 집안 공기를 어떻게 해줘야 할지, 어리석고 부족하여 잘 모르겠습니다. 저의 생각과 손으로는 아무것도 할 수 없습니다.
이 아이를 창조하셨기에 엄마인 저보다도 더 끔찍이 사랑하시는 주님, 부디 이 아이를 살피시사 주님의 사랑의 손을 내밀어 우리 아이의 몸을 만져 주옵소서. 긍휼이 많으신 주님 불쌍히 여기시고 지혜를 주셔서 질병의 원인을 제게 할 수 있게 하시고 속히 회복되고 온전하게 하옵소서. 주님 또래의 아이들과 마음껏 뛰어놀고 키가 자라고 지혜가 자라 사랑을 받는 자녀 되게 하옵소서.

사랑의 주님!

우리 아이의 부족한 면역력을 회복시켜 주셔서 무엇을 먹든지 마시든지 우리 아이에게 독이 되지 아니하도록 굽어 살펴주옵소서 먹는 것마다 온전히 잘 소화되어 피가 되고 살이 될 수 있게 도와주시고 온전히 건강한 몸으로 성장시켜 주옵소서. 우리 아이의 몸이 회복되어 건강함으로 주님을 찬양하고 경배하며 영광을 돌리는 주님의 자녀가 되게 하옵소서.

사랑하는 주님!

아토피는 인간의 욕심이 만들어낸 결과임을 고백합니다. 자연을 사랑하고 좋은 환경을 가꾸어 우리 후손에게 물려주어야 함에도 불구하고, 자신만을 생각하고 수단 방법을 가리지 않는 인간의 이기심과 욕심이 이토록 문제를 키우고 말았습니다. 더 재앙을 초래하기 전에 회개하고 돌이켜 친환경을 생각하는 개인과 기업이 되도록 은혜를 베풀어 주옵소서.

사랑이 많으신 예수님 이름으로 기도드립니다. 아멘.

갑상선 기능항진증 치유를 위한 기도

우리가 이 보배를 질그릇에 가졌으니 이는 심히 큰 능력은 하나님께 있고
우리에게 있지 아니함을 알게 하려 함이라
우리가 사방으로 우겨쌈을 당하여도 싸이지 아니하며
답답한 일을 당하여도 낙심하지 아니하며 (고린도후서 4:7~8)

원수를 사랑하고 핍박하는 자를 위하여 기도하라고 말씀하신 주님!
주님의 은혜를 간구합니다. 주님, 어느 때인가부터 자꾸 심장이 떨리고 피곤함과 동시에 손이 떨려옵니다. 평소 추위를 잘 타곤 했는데 제 몸속에 열이 가득하여 자꾸 땀이 납니다. 이 겨울에도 더워서 문을 열고 있어야 할 정도로 열이 오릅니다. 게다가 사람들의 사소한 말에도 참고 견디지 못하고 화를 냅니다. 어느덧 제 영혼과 육신이 주님과 멀어져 있음을 고백합니다. 어찌하면 좋습니까. 주님, 이제는 제 마음과 생각을 내려놓고 주님 앞에서 자유하고 싶어도 육신이 말을 듣지 않습니다. 이 모든 증상들이 호르몬이 지나치게 분비되어 생기는 병이라고 합니다.
자비로우신 주님, 저는 알고 있습니다. 늘 저를 핍박하고 미워

하는 사람들을 용서하고 사랑하라고 말씀하셨사온데 어느 누구하나 진심으로 용서하지 못하고 살아왔습니다. 이런 저를 부디 용서해 주옵소서. 믿는다 하면서 주님의 말씀에 순종하지 못하고 제 마음대로 생각대로 살아온 저를 용서해 주시옵소서. 제 발등을 찍고 주님께 저를 내려놓습니다. 순간순간 열을 견디지 못하여 사람들에게 화를 내는 제 자신의 연약함을 볼 때 어찌해야 할지 모르겠습니다. 이런 저 때문에 십자가에서 돌아가신 주님, 저를 불쌍히 여기사 저의 내면을 성령의 불로 치유해 주시옵소서. 다시 한 번 제게 다가오셔서 저를 만져주시고 주님의 뜨거운 사랑 앞에 저의 육신과 마음을 내려놓을 수 있게 하여 주시옵소서. 온전히 주님 말씀에 순종하고 모든 올무에서 자유함을 얻고 상처 입은 저의 마음이 치유되게 하옵소서.

그리하여 기분과 감정을 움직이는 이 갑상선 호르몬이 정상으로 회복될 수 있게 하옵소서. 회복과 함께 저의 삶이 지식에만 머무르지 않고 실천적으로 언제나 이웃을 사랑하게 하옵시고. 주님의 거룩한 삶에 동참하여 주님의 영광을 드러내는 하나님의 자녀가 되게 하옵소서.

예수님의 이름으로 기도드립니다. 아멘.

갑상선 기능저하증 치유를 위한 기도

이르시되 너희가 너희 하나님 나 여호와의 말을 들어 순종하고
내가 보기에 의를 행하며 내 계명에 귀를 기울이며 내 모든 규례를 지키면
내가 애굽 사람에게 내린 모든 질병 중 하나도 너희에게 내리지 아니하리니
나는 너희를 치료하는 여호와임이라 (출애굽기 15:26)

우리를 언제나 불쌍히 여기시고 치료해 주시는 하나님 아버지, 주님의 사랑을 베풀어 주옵소서.

사랑하는 환우가 아이를 두 번째 유산했습니다. 자궁에 문제가 있는 것이 아니라 갑상선 호르몬이 너무 적게 나와 아이가 건강하게 자랄 수가 없는 환경이어서 자꾸 유산이 됩니다.

사랑의 주님!

갑상선 기능저하증이 어떤 병이기에 주님께서 주신 생명을 앗아갈 정도입니까.

주님, 아이를 잃어 상처받은 환우를 불쌍히 여기시고 주님의 위로와 사랑으로 덧입혀 주시옵소서. 계속해서 추위를 느끼고, 너무나 피곤하여 제대로 서 있을 수조차 없는 환우를 보며 안타까움을 금할 수가 없습니다. 아침이면 손과 발과 얼굴이 퉁퉁 부어 있는 것을 발견합니다.

주님, 무엇이 어디서부터 잘못된 것인지요. 사랑하는 환우의 육신을 돌봐주시고 그의 지친 영혼을 불쌍히 여겨주시옵소서. 주님, 갑상선 호르몬 저하 증세로 인하여 고통을 겪는 가운데서도 우리 주님 예수 그리스도를 만날 수 있는 은총을 베풀어 주옵소서.

주님, 환우에게 다가가 주시옵소서. 환우의 갑상선 호르몬 저하 증세를 주님께서 깨끗이 치료하여 주옵소서. 낮아진 호르몬 수치를 정상으로 회복시켜 주시옵소서. 주님께서 안수하시면 환우가 낫겠나이다. 주님께서 말씀하시면 깨끗이 치유되고 회복될 줄 믿습니다.

주여, 이 고통과 질병에서 어서 속히 벗어나게 하시고 육신의 질병뿐만 아니라 그의 영혼이 회개함으로 구원을 얻고 일평생 하나님을 사모하고 주님의 나라를 위해 살게 하옵소서. 그래서 또 다시 질병이 찾아온다 할지라도 이제는 육신의 질병과 온 세상을 다스리시는 좋으신 주님과 영원한 하나님의 나라를 믿고 의지하는 거룩한 삶을 살게 하옵소서.

예수님의 이름으로 기도드립니다. 아멘.

갑상선 결절 치유를 위한 기도

너희 중에 병든 자가 있느냐 그는 교회의 장로들을 청할 것이요
그들은 주의 이름으로 기름을 바르며 그를 위하여 기도할지니라
믿음의 기도는 병든 자를 구원하리니 주께서 그를 일으키시리라
혹시 죄를 범하였을지라도 사하심을 받으리라 (야고보서 5:14~15)

당신의 자녀의 고통을 지나치지 아니하시는 하나님!
여기 갑상선 결절로 고통 받는 당신의 딸이자 나의 어머니를 기억하여 주시옵소서. 갑작스레 진단 받은 갑상선 결절, 그러나 다행이도 악성이 아님을 감사드립니다. 차츰차츰 커지는 혹과 부어오르는 목에 신경이 쓰이면서도 제게는 "괜찮다"라고 말씀하시는 어머니를 보면 마음이 아픕니다. 고통 가운데서도 늘 보호해 주시고 위로의 영으로 어머니를 만나주시는 주님의 은혜에 감사드립니다. 호르몬 이상으로 피로가 자주 찾아오는데도 생때같은 자녀들 때문에 아침 일찍 장사를 나가시는 어머니의 뒷모습을 봅니다.
갑작스런 병으로 남편을 잃은 어머니는 믿고 의지할 곳은 하나님 밖에 없다며 매일 새벽을 깨우며 하나님께 나아갑니다. 주님, 굽어 살피시어 어머니에게 영육간의 평안함과 담대함을

허락하여 주시옵소서. 정기검진의 결과가 나오는 날이면 병원 대기실에서 아무렇지 않은듯하지만 어머니의 미소 뒤로 거센 심장박동 소리를 듣습니다. 아직은 괜찮다는 의사 선생님 말씀에 연신 "고맙습니다"라고 할 수밖에 없는 저의 어머니를 불쌍히 여겨 주옵소서. 병원에서 집에 돌아와 병이 더 나빠지지 않은 것에 대해 감사기도를 드리는 제 어머니를 긍휼히 여겨 주옵소서.

어머니를 창조하시고 어머니의 모든 것을 아시는 하나님 아버지! 저의 어머니가 어떠한 삶을 살았고 또 살고자 하는지도 주님은 아십니다. 어머니의 마음속에는 하나님을 위해 살고자 하는 소망이 있고 기도가 있습니다.

하나님 아버지!

어머니의 병을 치료하여 주셔서 건강한 육신으로 온전히 주님을 섬기게 하여 주옵소서. 병마로 인한 환난 속에서도 하나님을 향한 소망을 품고 꾸준히 기도하는 어머니를 들으시며 인자한 눈으로 바로보시고 치료의 손길을 베풀어 주실 줄 믿습니다.

사랑과 치료의 하나님께 찬양과 감사를 드리며 예수님 이름으로 기도드립니다. 아멘.

갑상선암 치유를 위한 기도

내가 환난 중에 다닐지라도 주께서 나를 살아나게 하시고
주의 손을 펴사 내 원수들의 분노를 막으시며
주의 오른손이 나를 구원하시리이다 (시편 138:7)

우리를 온전케 하시는 주님!

목으로 음식물을 삼킬 때마다 고통스럽고 호흡이 곤란하여 맑은 공기와 맛있는 음식이 있어도 슬퍼집니다. 저에게 이런 질고를 당하게 하심을 저는 알 수 없으나 주님의 선하신 뜻이 있으신 줄로 믿습니다. 하지만, 그렇게 믿으면서도 주님 목에 딱딱한 결절이 만져지고 뜨거운 열이 나서 쉰 목소리로 얘기를 하는 것이 두렵습니다. 식도, 기도, 후두, 신경, 혈관 등 장기를 압박하여 호흡과 음식물 삼키기가 더욱더 어려워집니다.

나의 도움이 어디서 올까 나의 도움은 천지를 지으신 여호와에게서 로다 말씀해 주신 주님, 도와주시옵소서. 열이 많이 나고 쉽게 피로를 느끼며 온몸의 기능이 떨어지고 아무리 음식을 먹어도 체중은 서서히 줄어들고 있습니다. 맥박이 빨라지고 땀도 많이 흘려 신경과민이 되어 안절부절 못하는 제가 여

기 있습니다. 항상 흥분된 상태로 안구가 돌출되며 물체가 두 개로 보이기도 하고 의식이 날카로워져 점점 저의 속사람까지 하나님의 영광을 멀리하는 것 같습니다. 고통 중에 동행하시는 주님, 주님을 의지하여 고통을 극복할 수 있는 힘을 주시옵소서. 더 이상 암이 퍼지지 않게 하시고 주님의 이름으로 깨끗이 치유하여 주시옵소서.

그 동안 하나님을 찬미하고 기도했던 제 입술이 때때로 누군가를 미워하고 시기하고 헐뜯는 입술이 되지 않았는지 돌이켜 봅니다.

하나님, 제가 깨닫지 못하는 가운데 지은 죄들을 용서하여 주옵소서. 하나님이 지으신 이 맑은 공기와 양식들을 감사함으로 목으로 넘길 수 있도록 은총을 베풀어 주옵소서. 주님의 이름으로 저의 입술과 목을 깨끗이 치유하사 예수님의 사랑을 실천하고 바른 삶을 살아가게 하옵소서.

이 갑상선 암을 보혈의 피로 깨끗이 치유하사 하나님을 찬미하고 부르짖어 기도할 수 있는 복된 주님의 자녀가 되게 하여 주옵소서.

예수님의 이름으로 간절히 기도드립니다. 아멘.

불면증 치유를 위한 기도

**네가 네 길을 평안히 행하겠고 네 발이 거치지 아니하겠으며
네가 누울 때에 두려워하지 아니하겠고
네가 누운즉 네 잠이 달리로다** (잠언 3:23~24)

사랑하는 자에게 안식을 허락하시는 사랑의 주님!
불면의 고통 중에 주님을 의지합니다. 누워 눈을 감으면 자고 있는 것 같으나 잠들지 못한 저를 발견합니다. 주님 앉아 자려고 해도 잠이 오질 않습니다. 잠을 자기 위해 체조를 하고, 운동을 하고, 책을 보아도 잠이 잠깐 동안 쏟아질 뿐, 누우면 그 순간 잠이 달아나 버리고 맙니다. 그렇게 하루, 이틀, 사흘이 지나갑니다. 저의 온몸이 피곤함으로 죽을 지경입니다.
주님, 제게 오셔서 도와주옵소서. 피가 하나도 흐르지 않는 듯 몸이 차고 무겁습니다. 뼛속까지 쑤시고 아파옵니다. 세상적인 방법으로 신경정신과를 찾아가 수면제를 처방 받아왔지만 먹으면 그 때 뿐이고, 약을 먹지 않으면 잠은 어디로 가버렸는지 정신이 맑은 물보다도 더 또렷합니다. 저의 불면이 주님과의 관계가 끊어지므로 오는 병임을 알게 해주셔서 감사합니

다. 하지만 주님, 자꾸 약에 의지하게 되고 점점 수면제의 양이 늘어만 갑니다. 잠을 훼방하는 사탄의 권세에 제가 묶여 있는 것 같습니다. 밤이면 밤마다 불면증과 싸워 지고 마는 제 자신을 어찌해야 합니까. 저를 향하신 사랑을 거둬 가신 것인지요, 적으로 둘러싸인 다윗에게 잠을 주시고, 피투성이 된 바울에게도 잠을 주신 주님, 자고 싶어도 잠을 잘 수 없는 저를 긍휼히 여겨주옵소서. 그 동안 세상적인 욕망을 이루기 위해 늘 긴장하며 살아왔습니다. 평안이 무엇인지도 모르고 안식이 무엇인지도 모르고 주님의 영광을 이루겠다는 거짓된 이름으로 그렇게 살아왔습니다. 세상의 명예와 돈을 따라가다 그만 노예가 되어 살아왔습니다. 그것이 패망의 길로 나아가는 지름길이었음을 뒤늦게 깨닫습니다. 주님 허탄한 세상의 욕망에 사로잡혀 제 마음대로 살아온 저를 용서해 주옵소서. 주님의 십자가 앞에 제 자신을 내려놓습니다. 주님 받아주시옵소서. 다시 온몸이 회복되어 저의 혼과 의식 속에 평안한 잠을 허락해 주옵소서. 더 이상 약을 먹지 않도록 성령님께서 역사하셔서 저의 불면증을 치료해 주옵소서. 매 순간 제 자신을 주님께 드림으로 주님께서 주시는 평안과 안식을 누리게 하옵소서.
예수님 이름으로 기도드립니다. 아멘

만성 위염 치유를 위한 기도

하나님께서 구하시는 제사는 상한 심령이라
하나님이여 상하고 통회하는 마음을
주께서 멸시하지 아니하시리이다 (시편 51: 17)

사랑의 주님!

주님의 지혜와 절제를 간구합니다. 저의 위장이 쓰리고 아픈 증상이 조금 나았다 다시 아프고를 반복합니다. 조금만 과식하거나 제게 맞지 않는 음식을 먹으면 그렇습니다. 위장장애의 모든 원인이 불규칙한 식습관과 과식, 몸에 맞지 않는 음식이라는 것을 오랜 위염 증세로 알고 있습니다. 주님, 어찌하면 좋습니까. 음식을 대할 때마다 제 자신이 조절을 하지 못하고 있습니다. 아무 때나 맛있는 것을 보면 양껏 먹어야 하고, 체질에 맞지 않아도 분위기에 이끌려 양껏 먹어야만 기분 좋은 저를 발견합니다.

주님, 무엇 하나 절제할 줄 모르는 저를 주님께 내려놓습니다. 주님, 주님께서 저의 체질을 아시오니, 체질에 맞게 음식을 먹을 수 있도록 저에게 지혜를 주옵소서. 특히 음식을 대할 때마다 과식하지 않고, '적당히' 먹을 수 있도록 절제의 능력을 허락하여 주옵소서. 그리고 아무리 바빠도 규칙적인 식습관을 갖도록 저를 인도해 주시옵소서.

먹고 마시는 모든 일을 주님의 영광을 위해서 하라고 하셨사온데, 주님을 위해서 무엇을 먹어야 할지, 주님을 생각하며 주의 영광을 위해 먹을 수 있도록 먹는 순간마다 주님을 생각하게 하옵소서. 그로 인해 더 이상 위장약을 먹지 않아도 주님의 은혜로 이 만성 위염에서 벗어나게 하옵소서.

주님, 위의 염증이 오래되어 의사의 손길로 고칠 수 없을지라도 주님께서 능력의 팔을 내밀어 고쳐 주옵소서. 그리하면 낫겠나이다. 만성 위염에서 깨끗이 고침을 받고 건강한 모습으로 본이 되는 삶을 살아가게 도와주옵소서. 나 자신만을 위해 사는 것이 아니라 욕심을 내려놓고 이웃의 고통을 함께 나누게 하시고, 배고프고 병든 자를 돌아보며 섬기는 삶을 살아가게 도와주옵소서.

이 세상을 잘 분별하며 절제하며 온전히 주님께 영광 드리며 살게 하옵소서.

예수님 이름으로 기도드립니다. 아멘.

위궤양 치유를 위한 기도

**여호와는 나의 힘이요 노래시며 나의 구원이시로다
그는 나의 하나님이시니 내가 그를 찬송할 것이요
내 아버지의 하나님이시니 내가 그를 높이리로** (출애굽기 15:2)

핍박하는 자를 위하여 오히려 기도하라 하신 주님!
제 위장에 탈이 나고 경련을 일으키며 밤새 구토로 잠을 한숨도 이루지 못하였습니다. 불쌍히 여기사 제 위장을 어루만져 주옵소서. 내시경 사진 속에 보인 제 위장은 피가 나 온통 벌겋고 군데군데 딱지가 앉았습니다. 한 달 이상 약을 먹어도 여전히 속이 쓰리고 아픕니다.

주님, 대체 어디서부터 잘못된 것입니까. 그 동안 제가 얼마나 속을 끓였기에 위장이 견디지 못하여 피를 흘리고 말았습니까. 그 동안 살면서 참는다고 참았지만, 결국 하나도 참지를 못하고 모두 다 제 속에 담아두었나 봅니다. 용서한다고 했지만 하나도 용서하지 못하고 제 속에 다 화와 분노로 쌓아두었나 봅니다. 주님의 은혜 속에서 산다고 하면서 제 자신이 기쁨을 누리지 못하고 살았나 봅니다. 제 안의 상처들을 어느 하나

해결하지 못하고, 몸속에 날마다 미움의 독을 뿌리며 살아온 저를 어찌하면 좋습니까? 이웃과 기쁨을 나누기도 전에 위장의 아픔으로 제가 먼저 죽을 것만 같습니다.

주님, 저를 긍휼히 여겨주옵소서 그저 주님께 매달려 의지합니다. 몇 달간 약을 먹어도 낫지 않고 음식을 잘 가려도 낫지 않는 위궤양을 주님께서 치료하여 주옵소서. 주님께서 만져 주셔서 뿌리 깊은 위의 염증들을 치료하여 주시옵소서. 얇아지고 헌 위벽을 회복시켜 주옵소서. 제 안에 있는 깊은 상처들을 주님의 이름으로 도말시켜 주시고 기쁨도 회복시켜 주옵소서. 주님의 사랑의 영이 제 안에 가득하게 하옵소서. 그리하여 너희를 위하여 핍박하는 자를 위하여 오히려 기도하라고 하신 말씀을 따라 진정어린 사랑의 마음으로 그들을 위해 기도하게 하옵소서.

이제는 주님이 제 안에 계셔서 모든 상황을 인도하시고 역사하심을 믿습니다. 주님의 절대 권위에 순종하며 겸손하게 하옵소서. 더 이상 마음으로 애태우지 말고 인내와 사랑이 주님께로부터 온다는 사실을 굳게 믿으며 살게 하옵소서.

강건하기를 원하시며 저희를 온전케 하시는 예수님의 이름으로 기도드립니다. 아멘.

위암 치유를 위한 기도

믿음의 기도는 병든 자를 구원하리니 주께서 그를 일으키시리라
혹시 죄를 범하였을지라도 사하심을 받으리라
그러므로 너희 죄를 서로 고백하며 병이 낫기를 위하여 서로 기도하라
의인의 간구는 역사하는 힘이 큼이니라 (야고보서 5:15~16)

우리의 힘이 되시고, 구원의 뿔이신 주님!
은혜와 찬양을 주님께 올려드립니다. 주님, 저희 아버지의 위장 속에 제법 큰 암이 발견되었습니다. 가족들 모두에게 청천벽력 같은 소식이었고, 가슴을 쿵 주저앉게 만들었습니다.
아직 살아야 할 날이 너무도 많은데, 자식들 모두가 아버지께 기쁨을 드려야 할 일들이 너무도 많은데, 어찌해야 합니까? 주님, 아버지를 불쌍히 여겨주옵소서. 항암제 투여로 인해 아버지가 요즈음 너무나 고통스러워하고 있습니다. 머리카락이 빠져나가고 건장했던 체격도 이제는 알아보지 못할 정도로 야위어 있습니다. 밤이면 귀신이 날 잡아가려고 문 앞에 찾아왔다는 헛소리를 지르는 아버지를 보며 주님께 뭐라고 기도를 드려야 할지도 모르겠습니다. 아버지의 고통 중에도 함께하시고 영원토록 살아계셔서 역사하시는 주님, 아버지를 향하신

주님의 뜻이 무엇인지요. 고통을 통해 주님을 바라보고 돌아오라는 깨달음입니까.

주님의 무한하신 사랑을 깨닫고 주님을 영접하여 주의 자녀 되는 은총을 베풀어 주옵소서. 주님이 주신 그 힘으로 위암이라는 병마를 극복할 수 있도록 은총을 더하여 주옵소서. 투병하는 동안에 주님은 온전히 저희 아버지의 산성이시고 아버지의 바위이시며 아버지의 힘이시라는 사실을 깨달아 알게 하시고 전폭적으로 주님을 의지하는 큰 믿음을 부어 주시옵소서.

찬양 받기에 합당하신 주님, 항암제로 인한 부작용이 발생하지 않도록 능력으로 붙들어 주옵소서. 아버지께서 위를 수술하였는데 빠른 시간 안에 위세포가 스스로 자라 위의 기능이 정상적으로 회복될 수 있도록 도와주옵소서. 하루에 여덟 번씩이나 먹고 마셔야 하는데 이 모든 일들에 소화의 기능을 더하여 주시고, 아버지 몸속에 있던 암세포가 단 한 자락도 남지 않고 그리스도의 이름으로 완전히 소멸되게 하옵소서.

이 투병 기간에 아버지가 하나님을 만나고 그 고통을 통하여 하나님을 체험할 수 있게 하옵소서. 저희 가족 모두가 아버지를 통해 살아계신 주님의 영광을 보게 하옵소서.

예수님의 이름으로 기도드립니다. 아멘.

퇴행성관절염 치유를 위한 기도

나는 여호와로 말미암아 즐거워하며 나의 구원의 하나님으로 말미암아 기뻐하리로다 주 여호와는 나의 힘이시라 나의 발을 사슴과 같게 하사 나를 나의 높은 곳으로 다니게 하시리로다 이 노래는 지휘하는 사람을 위하여 내 수금에 맞춘 것이니라 (하박국 3: 18~19)

사랑이 많으신 주님!

주님의 은혜와 치유를 간구합니다. 어머니가 퇴행성관절염으로 왼쪽 다리가 무릎부터 종아리, 발목까지 무겁고, 시큰거리며 당기고 아파서 일상생활을 할 수가 없습니다. 어느 때는 걸을 수조차 없어 어쩔 줄 모릅니다. 하지만 주님, 엑스레이와 정밀검사를 해보면 어머니의 다리는 정상이랍니다. 염증도 없고, 혹이 있는 것도 아닌데 여전히 무릎의 고통을 호소하고 있습니다. 주님, 일평생 주님 영광 위해 살아온 당신의 딸이오니 불쌍히 여겨 주옵소서. 나이가 들어 무릎 관절에 연골이 닳고 약해져 일어나는 관절염을 치료해 주옵소서. 병원에서도 특별한 치료법이 없다고 말합니다. 젊어서 몸을 아끼지 않고 고생하여 나이 들어 생기는 병이니 어쩔 수 없으니 조심하란 말뿐입니다. 주님, 그렇다고 그냥 무릎의 고통을 지니고 살아야 하는 것인지요. 지금까지 가족을 위하여 죽도록 고생하며 살았고 이제는 형편이 자족하게 되었는데 되돌릴 수 없는 세월이 야속합니다. 일평생 저희 어머니를 인도해 주시고 은혜를 베푸신 주님, 사람으로는 할 수 없으나 주님은 능히 하지 못할 일이 없으신 줄 믿습니다. 강한 오른손으로 붙드시고 깨끗이 치료하여 주옵소서. 사람들은 한약으로 좋아졌다 말하고 또 다른 사람은 쉬면 저절로 사라진다고 말하는데, 저와 저희 가족은 온전케 하시는 주님을 의지하오니 안수하셔서 어머니의 무릎 연골의 연약함을 회복시켜 주시옵소서. 어머니의 무릎의 아픔을 주님께서 살펴 주시고 주님의 능력의 말씀으로 관절염을 깨끗이 치료해 주시옵소서.

오직 주님의 긍휼하심을 의지 하오니 불쌍히 여겨 주옵소서. 주님이 허락하시는 어머니의 노년의 삶이 복되게 하시고 기쁨이 넘치게 하옵소서. 주님의 나라 가는 그날까지 자녀들의 형통함을 보게 하시고 더욱 건강하게 하옵소서. 건강한 몸과 다리로 사람들에게 주님의 살아계심과 주님의 나라를 증거 할 수 있도록 은총을 베풀어 주시옵소서.

예수님의 이름으로 기도드립니다. 아멘.

류마티스 관절염 치유를 위한 기도

베드로가 이르되 은과 금은 내게 없거니와 내게 있는 이것을 네게 주노니
나사렛 예수 그리스도의 이름으로 일어나 걸으라 하고
오른손을 잡아 일으키니 발과 발목이 곧 힘을 얻고 (사도행전 3: 6~7)

우리의 영혼을 날마다 소생케 하시는 주님!
많은 환우들이 마디마디마다 관절 염증으로 인하여 고통 받고 있습니다. 처음에는 아프고 붓다가 나중에는 관절이 기형이 되는 것을 봅니다. 손목, 팔목, 발목과 같은 작은 관절들조차 붓고 아파합니다. 주여 우리의 기도를 들으시고 응답하시며 깨끗하게 하옵소서. 이 땅의 많은 환우들이 그로 인한 합병증으로 말미암아 고통을 호소하고 있습니다. 피곤함과, 빈혈, 눈의 염증, 혈관의 염증까지 그 고통들은 이루 말할 수 없습니다. 세균에 감염이 된 것인지, 면역력이 떨어져서인지 류마티스라고 하는 인자가 몸에 골고루 퍼져 관절염을 일으키고 있습니다. 어찌 고쳐야 하는지 인간적인 방법을 다 동원해 보아도 그 때 뿐입니다. 주님 불쌍히 여기시고 류마티스 관절염 환우들의 고통을 들어주시고, 특히나 이 병을 앓고 있는 노인들

의 고통을 들어주시옵소서. 환우들을 온전히 치료해 주실 분은 오직 주님뿐입니다. 베드로와 요한이 성문 밖에 있는 앉은뱅이에게 "주, 나사렛 예수 그리스도의 이름으로 일어나 걸어라" 했을 때 주님께서 그를 걷고 뛰게 하는 역사를 보여 주셨습니다. 주님의 강권적인 능력으로 병을 앓고 있는 환우들의 류마티스 관절염을 고쳐 주시옵소서. 그러므로 앉고 일어서고 걷는 모든 것이 주님의 영광을 위한 것이라는 사실을 깨달아 알게 해주옵소서. 주님의 놀라운 사랑으로 류마티스 관절염이 치료되는 것을 넘어서 일평생 주님을 알지 못하고 살아왔던 영혼들이 주님을 만날 수 있게 해주옵소서. 주님의 은혜로 참된 자유와 평안을 누리며 주님만 섬기는 구원의 역사가 일어나게 하옵소서. 사랑이 많으신 아버지 하나님 간절히 기도하오니 그 영혼을 불쌍히 여겨 주옵소서. 천하를 얻고도 자기 목숨을 잃으면 무슨 유익이 있겠느냐 하신 주님, 성령으로 말미암아 회개의 은혜를 허락하시고 만물을 창조하시고 다스리시는 왕 되신 주님의 자녀 되는 권세와 축복을 누리게 하옵소서. 주님의 십자가 대속의 은혜로 그 영혼이 회복되어 주님께 찬양과 영광을 돌릴 수 있도록 은총 베풀어 주옵소서.
예수님의 이름으로 기도드립니다. 아멘.

혈액순환 장애 치유를 위한 기도

모든 기도와 간구를 하되 항상 성령 안에서 기도하고
이를 위하여 깨어 구하기를 항상 힘쓰며 여러 성도를 위하여 구하라
(에베소서 6:18)

하나님 아버지!
혈액순환 장애로 고통을 당하는 환우들을 위해 기도합니다. 손발이 저리고 아프고 심한 통증으로 잠 못 이루며 말로 표현할 수 없는 고통에 그저 매일 시달리고 있습니다. 특별한 증세를 드러내지 않고 청년이든 중년이든 노인이든 무서운 병마가 그들을 서서히 깊은 병으로 이끌고 있습니다.
아버지 하나님!
혈액순환 장애가 오래 가면 당뇨, 고지혈증, 고혈압, 심장병 등 심각한 병으로 악화됨을 아시지요. 너무나 많은 사람들이 이 장애로 인해 고통 받고 있습니다. 하나님, 혈액순환 장애가 있는 환우들에게 찾아오셔서 온 몸을 만져주시고, 이들의 모든 혈관을 깨끗하게 하시고 혈액이 제 기능을 온전히 발휘하게 하옵소서. 더욱 심각한 병으로 악화되고 전이되지 않도록

주님, 보혈의 피로 깨끗이 치료해 주옵소서. 우리의 몸은 자신의 것이 아니라 하나님께로부터 받은바 우리 가운데 계신 성령의 전인 줄을 알지 못하느냐 고 말씀하신 사실을 저희들 깊이 깨닫게 하시고 잘 관리할 수 있도록 인도하여 주옵소서. 환자 개개인의 체질에 맞는 음식 섭취와 몸 관리를 위해 그들에게 지혜와 분별력을 허락해 주옵소서.

주님께서 "네 몸을 사랑하듯이 이웃을 사랑하라"고 하신 말씀대로 서로 사랑하며 용서와 화해로 다가서며 먼저 섬기는 환우들이 되게 하옵소서.

주여!

눈물로 기도하는 가족과 성도들의 간절한 기도를 응답해 주옵소서. 병상의 생활이 물질적인 어려움으로 가중되지 않도록 은총을 베푸시고 부족함이 없게 도와주옵소서.

주여!

사랑하는 환우가 주님의 능력으로 온전히 회복되고 어서 속히 강건함으로 함께 주님을 예배하며 봉사로 영광을 돌리게 하옵소서. 맡겨주신 귀한 사명을 기쁨으로 감사함으로 감당하며 살아가게 하옵소서.

예수님의 이름으로 기도드립니다. 아멘.

알콜중독 치유를 위한 기도

**투기와 술 취함과 방탕함과 또 그와 같은 것들이라
전에 너희에게 경계한 것 같이 경계하노니
이런 일을 하는 자들은 하나님의 나라를 유업으로 받지 못할 것이요**
(갈라디아서 5:21)

거룩하시고 사랑이 많으신 주님!

간절히 주님을 갈망하며 간구합니다.

알콜 중독으로 자신을 통제하지 못하고 술의 노예가 되어버린 아버지를 위하여 기도드립니다.

아버지는 이제 술을 먹어도 간에서 더 이상 알콜을 해독할 능력이 없습니다.

맛있는 안주를 보면 술을 먹어야 하고, 속이 쓰리고 아파도 술을 먹어야 낫는다고 여깁니다.

아침마다 술이 눈에 보이지 않으면 불안해하시는 아버지를 어찌하면 좋습니까.

몇 날이 못가서 병원에 입원하기를 수차례, 이제는 아버지 혼자 힘으로도 저희 가족의 힘드로도 도저히 감당할 수 없는 상태입니다.

은혜로우신 주여!

아버지의 알콜 중독을 주님의 권능으로 치유해 주옵소서. 가족인 저희도 어떻게 방법이 없어 포기에 가깝습니다.

주여!

아버지를 불쌍히 여겨 주옵소서.

오늘도 온몸을 떨고 옷 하나를 제대로 입지 못하는 아버지를 보며, 저희는 다시금 주님께 의지하고 기도할 수밖에 없음을 깨닫습니다.

사랑의 주님!

젊었을 때는 가족을 위해서 자신을 희생하며 고생을 많이 하셨습니다. 그런데 언제부터 술의 노예가 되었는지요. 안타까운 마음만 가득합니다.

저희 아버지를 비롯해서 술을 적당히 먹으면 건강에 좋다고 생각하는 사람들이 있습니다.

또 자신은 취하지 않을 거라고 자신하는 사람들도 있습니다.

이들의 너무 안이한 생각이 알콜에 중독되어 패망의 길로 빠뜨릴 수 있음을 기억하게 하옵소서. 더더욱 억지로 술을 권하여 취하게 만드는 우리나라의 음주문화가 새롭게 바뀔 수 있도록 도와주옵소서.

주여!

힘들고 어려울 때 술을 찾기보다 하나님을 의지하고 갈망하는 마음이 들도록 성령의 강권하신 은혜로 아버지를 붙들어 주옵소서.

세상에 하나님이 어디 있느냐 죽으면 그만이지 라는 사단의 속임수에 넘어가지 않게 하시고 영원부터 영원까지 존재하신 주님께 나아가게 하옵소서.

주님!

아버지의 비뚤어진 마음을 어디서부터 어떻게 교정해야할 지 모르겠습니다.

알콜 중독은 아버지의 육체는 물론 영혼을 파멸로 이끌며 온 가족의 마음에 큰 상처를 남겼습니다.

저희들의 연약함을 아시는 주여!

불쌍히 여기사 치료의 광선을 발하여 주옵소서. 주님 다툼이 사라지고 화합하며 어둠이 변하여 광명으로 변하게 하시고 가정의 화목함을 회복시켜 주옵소서.

주여!

알콜 중독으로 인한 사회적 비용이 너무도 큽니다. 우리 사회가 제도를 잘 정비하게 하시고 국가 차원의 중독치유를 도입하는 정책을 펴나가게 하옵소서.

사랑의 주님!

근원적 해결책은 지난날의 삶을 회개하고 성령으로 말미암아 주님의 사랑을 깨닫고 느낄 때 이루어질 수 있음을 믿습니다.

성령님께서 주장해 주시고 역사해 주시옵소서.

예수님의 이름으로 기도드립니다. 아멘.

화병 치유를 위한 기도

나는 마음이 온유하고 겸손하니 나의 멍에를 메고 내게 배우라
그리하면 너희 마음이 쉼을 얻으리니
이는 내 멍에는 쉽고 내 짐은 가벼움이라 하시니라 (마태복음 11:29~30)

나는 마음이 온유하고 겸손하니 나의 멍에를 메고 내게 배우라 그리하면 너희 마음이 쉼을 얻으리라 말씀하신 주님!
언제부터인가 제 몸에 화가 가득 차 있습니다. 누군가의 핀잔도 비판도 수용할 여유가 없습니다. 불안하고 허전하여 제가 먼저 공격하고 스트레스를 견디지 못하고 분을 이기지 못하여 소리 지르며 정신없이 헤매고 다닙니다.
오래 참으시는 주님!
어디에서든 만나는 사람마다 작은 일에도 쉽게 분노하며 화를 내므로 관계가 불화不和하여 제 마음에 평안이 없습니다.
주님, 제가 무엇에 분노하고 있는 것입니까, 열등의식으로 말미암았는지 공항장애로 인함인지 자존감이 부족해서인지 그 원인조차도 모르겠습니다. 주님, 정신적으로 육체적으로 알지 못하는 원인으로 말미암아 너무 더워서 이불을 덮고 잘 수도

없고, 한겨울에도 추운 바람이 불어오면 추운 것이 아니라 시원할 뿐입니다. 병원에서는 화병이라고 합니다.

주님, 왜 지속적으로 화가 나는 것입니까? 제 몸 속에 있는 이 화가 독이 되어 저를 먼저 죽일 것 같습니다. 순간순간 불쑥불쑥 치밀어 올라오는 이 분노를 견딜 수가 없습니다. 누구에게 화가 난 것입니까. 사람들에게 화가 난 것입니까.

사랑의 주님!

저 자신을 내려놓고 싶어도 내려놓아지지 않습니다. 버리고 싶어도 버려지지 않습니다. 울고 싶어도 더 이상 마른 낙엽처럼 제 영혼이 말라 있는 것을 발견합니다. 주님, 이 화병에서 저를 건져주옵소서. 함께 마음 아파하는 가족들을 불쌍히 여겨 주옵소서. 제 자신이 하나님과 같이 우뚝 서려는 이 교만을 거둬가 주시고, 온전히 회개함으로 죄인 됨을 울며 인정하게 해주옵소서. 성령님께서 제 속에 온유의 영과 겸손의 영을 부어주옵소서. 제 심령이 가난하여져서 주님께 통회 자복하고 가족과 주변 사람들을 온유와 겸손으로 섬기며 주님을 받들며 천국을 누리며 살고 싶습니다. 역사하여 주시옵소서. 주의 도우심을 간절히 원하옵나이다.

예수님의 이름으로 기도드립니다. 아멘

불임 여성 치유를 위한 기도

잉태하지 못하며 출산하지 못한 너는 노래할지어다
산고를 겪지 못한 너는 외쳐 노래할지어다
이는 홀로 된 여인의 자식이 남편 있는 자의 자식보다 많음이라
여호와께서 말씀하셨느니라 (이사야 54:1)

사랑이 많으신 하나님 아버지!

감사와 찬양을 드립니다. 우리를 죄에서 구원하여 주시고 오늘 하루도 주님의 은혜 가운데 승리하는 삶을 살아가게 해주심을 감사드립니다.

주님!

날마다 감사하며 하루를 시작하지만 때로는 외로움이 밀려오고 마음이 허전할 때가 많음을 고백합니다.

결혼한 지 벌써 몇 년이 흘렀지만 아직 아기가 들어서지 않고 있습니다.

주님!

제 마음을 아시지요. 양가의 부모님은 안타까운 마음으로 저희를 위하여 기도하고 계십니다.

무어라 말하지 않아도 오히려 먼저 죄송하고 미안한 마음 금할 길이 없습니다.

후손이 번성하기를 원하시는 주님!

노년의 사라에게도 자녀를 허락하셔서 이스라엘의 씨앗이 되게 하셨습니다. 왜 저희 가정에는 허락하지 않으십니까.

주님!

주님께서 아기를 주시지 않음이 지난날 저의 죄로 인한 것인 것만 같습니다. 오늘도 십자가의 보혈을 힘입어 무릎 꿇어 간구하오니 저의 죄를 용서해 주시고 온전히 회개할 수 있도록 도와주옵소서.

물과 성령으로 깨끗하게 하여 주옵소서.

"보라 자식들은 여호와의 기업이요 태의 열매는 그의 상급이로다 자녀가 많은 자는 원수와 담판할 때에 수치를 당하지 아니하리로다" 시 127:3

이 말씀을 기억하며 마음에 새깁니다.

주여!

긍휼을 베푸시고 신체적인 연약함이 있을지라도 태의 문을 열어 주옵소서.

주님이 주시는 은총으로 자녀를 잉태함으로 염려와 근심과 걱정이 떠나가고 부모님과 가족 모두에게 기쁨의 메신저가 되게 하옵소서.

어두움 후에 더욱 밝은 빛으로 인도하여 주시옵소서.

이제는 주님의 뜻하심과 주님의 역사하심만을 기다릴 뿐입니다. 저와 제 남편은 점점 나이 들어가고 있습니다.

나이 들면 아이를 낳을 확률이 점점 줄어든다고 사람들은 말합니다.

하지만 주님!

저는 믿습니다. 사라와 아브라함에게 이삭을 주셨듯이 저에게도 자녀를 주시리라고 믿습니다.

믿음의 주님!

오랫동안 이렇듯 한결 같은 기도를 올려 드립니다. 태의 문을 열어주시고 잉태하는 기쁨을 저에게 허락하여 주시옵소서. 아들이든 딸이든 건강하고 아름다운 아이가 잉태되게 하여 주옵소서.

잉태의 열매로 인하여 감사의 예물을 주님께 드릴 수 있기를 간절히 소원합니다.

자녀를 잉태하게 하시면 나실인같이 늘 주님만 섬기며 항상 감사하는 자녀로 양육하겠습니다.

아이가 태어나서 저희 가정은 물론이고, 시댁과 친정 양가의 모든 가족에게 기쁨이 되게 하여 주옵소서.

언제나 저희를 보호하여 주시고 은혜 베푸시길 즐겨하시는 하나님 아버지!

도와주옵소서. 저와 가족의 기도가 열매 맺어 아름답게 이루어지게 하옵소서.

사랑이 많으신 하나님 아버지께 감사와 영광을 올려드리며 예수님의 이름으로 기도드립니다. 아멘.

불임 남성 치유를 위한 기도

**또 임신하지 못하던 여자를 집에 살게 하사
자녀들을 즐겁게 하는 어머니가 되게 하시는도다 할렐루야** (시편 113:9)

이 땅의 한 생명도 헛되이 만들지 않으시고 주님의 온전한 뜻과 섭리 속에 생명을 인도하시는 하나님 아버지!

수천 대를 거쳐서 인간에게 내려주신 종족 보존과 번성함이 충만할진대 그 힘과 능력이 제 몸속에는 한 터럭도 존재하지 않습니다. 자녀가 없는 저의 심정을 누구에게 토로하며 이 괴로움을 감출 수가 없습니다.

하늘을 보아도 땅을 보아도 어디를 보아도 그냥 허전함과 공허함이 저를 사로잡습니다. 왜 하필 저에게 이런 시련을 주십니까? 저를 쳐다보는 아내가 불쌍하고 미안하기 그지없습니다.

어찌 저와 같은 사람을 만나서 일평생 자식도 없이 살아야 하는 것인지 하나님 곤고한 이 마음에 오셔서 위로해 주옵소서. 그리고 사랑하는 아내를 위로해 주시옵소서. 의학적인 방법으로 불임치료와 시험관 아기를 몇 번이나 시도했으나 성공하지 못했습니다. 그 허무함에 매몰되지 않도록 붙잡아 주시고 기도의 끈을 놓지 않도록 도와주옵소서.

주여!

저희는 알 수 없는 주님의 선하신 뜻이 있겠지 생각하며 애써 참아보지만 순간뿐입니다. 특별한 소명을 감당키 위하여 자식 없이 살 수 있음도 알고 있습니다. 나의 혈육이 아닌 다른 생명을 입양하여 키우며 살 수 있다는 것도 알고 있습니다. 하지만 저의 마음의 소원이 자꾸만 기도함으로 주님께 나아가기 원합니다.

사랑의 주님!

어떤 상황에서도 주님을 향한 사랑을 회복시켜 주시옵소서. 주여 종이 그 상전을 여종이 그 주모를 바람같이 간절히 기도드립니다. 낙심하지 말고 포기하지 말게 하옵소서.

주여!

그렇게 아니하실지라도 흔들리지 않고 믿음으로 주님의 말씀을 믿고 섬기게 하옵소서.

오늘도 우리 가운데 함께 하시는 예수님의 이름으로 기도드립니다. 아멘.

대장암 치유를 위한 기도

그가 병들어 죽게 되었으나 하나님이 그를 긍휼히 여기셨고
그뿐 아니라 또 나를 긍휼히 여기사 내 근심 위에 근심을 면하게 하셨느니라
(빌립보서 2:27)

우리의 몸을 산제사로 받으시는 하나님!
짙은 어둠을 뚫고 온 몸으로 번져가는 복통은 남은 의지의 실타래마저 다 풀어 버립니다. 허리가 휘어지도록 다가오는 고통은 점점 손아귀에 쥔 작은 힘마저도 무기력하게 합니다. 하나님 아버지 제 몸 속에 이렇게 예민한 자극을 주는 장기가 있다는 것이 놀랍습니다. 있는 듯 없는 듯 몸속에 있는지도 알지 못했던 대장이 갑자기 나타나 자기 존재를 격렬하게 확인시켜 주고 있습니다. 하루가 지나고 아침이 오듯이 조금씩 고통의 하중을 더해가며 배는 고무풍선처럼 부풀어 갑니다.
살아계신 주님!
게으름과 죄와 허물 속에서 앙금처럼 화석이 된 대장을 치료하여 주옵소서. 온 몸으로 번져가려는 암을 녹여 주시고 이 병마를 잡아 주옵소서. 하나님 아버지, 하나님이 주신 몸을 산제

사로 드리지 못했던 지난날의 생활을 회개합니다. 본받지 말아야 할 이 세대를 따르고 마음을 새롭게 하지 못해 하루하루를 통해 굳어진 자아의 습성들을 반성합니다. 사랑의 주님 육신의 욕망과 허기 때문에 생명을 줄 수 없는 인스턴트 식품들을 취하고 절제되지 않은 식욕으로 육식을 즐겨왔던 것을 뉘우칩니다. 그 사이에 몸속의 세포들이 싱싱한 생명력을 잃고 짙은 지방질의 어둠 속에서 병을 키워왔던 것을 회개합니다. 하나님, 용서해 주시옵소서. 하나님 아버지 몸을 괴롭혔던 옛 습성들을 훌훌 털어 버리게 하옵소서.
하나님 아버지!
의료진에게 지혜를 주시고 올바른 진단과 적절한 치료법을 가르쳐 주옵소서. 자신의 몸을 대하듯 정성을 다하며 한 치의 오차가 없도록 은혜를 베풀어 주옵소서. 함께 마음 아파하며 기도하는 가족을 위로하여 주시고 성도들의 간구를 응답하여 주옵소서. 하나님이 주시는 용기로 새 힘을 얻게 하옵소서. 절망 중에 하나님의 은총을 힘입어 새 생명을 얻게 하옵소서. 대장 속에 있는 암의 세력들을 결박하여 주옵소서. 생명의 말씀을 통해 이 대장암을 치료하여 주옵소서.
예수님의 이름으로 기도드립니다. 아멘.

만성피로 치유를 위한 기도

수고하고 무거운 짐 진 자들아 다 내게로 오라 내가 너희를 쉬게 하리라
나는 마음이 온유하고 겸손하니 나의 멍에를 메고 내게 배우라
그리하면 너희 마음이 쉼을 얻으리니 (마태복음 11:28~29)

저희를 날마다 품에 안아주시는 하나님!
저에게 힘을 주옵소서. 삶의 의욕을 되찾게 하옵소서. 저도 모르는 사이에 피로는 너무 깊이 몸과 마음에 스며들어 있습니다. 사는 것이 지루하고 권태롭게만 느껴집니다. 오늘 하루쯤이야, 누구나 그렇게들 살고 있을 거야 하고 넘겨오던 것이 이제 피로가 제 몸의 일부인 굳은 화석처럼 되어 버렸습니다. 이제는 두통까지 자주 찾아옵니다. 목이 아프고 무엇을 하더라도 정신이 집중되지 않습니다. 어느 사이에 하나님을 사랑하던 자에게 독버섯처럼 피어온 영적 메마름이 우울증까지 생기게 하였습니다.
사랑의 주님!
언제부터 어디서부터 피로가 누적 되었는지 그 원인조차 찾지 못했습니다. 하나님, 세상 속의 염려나 열심으로부터 자유하

고 싶습니다. 영적 청정淸淨함을 다시 회복하고 싶습니다.
하나님 아버지!
하나님과 이루었던 첫 사랑 속에서 맑고 깨끗한 정신과 몸으로 하루하루를 이겨 나가고 싶습니다. 짐이 되었던 모든 억눌림 들을 구름이 흩어지듯이 내려놓고 싶습니다. 사람들로 인해서 세상으로 인해서 걸머져야 했던 체면, 책임감, 열등감이나 우월의식에서도 '놓임'을 얻고 싶습니다. 자유함 속에서 활력 있는 삶을 살 수 있게 하옵소서.
하나님 아버지!
참 생명력을 얻도록 내 몸의 유전적인 인자들까지도 하나님의 영력 속에서 새롭게 빚어 주옵소서. 새로운 피조물로 새 세상을 이루어 가는 하나님의 사람이 되게 하옵소서. 피로와 권태와 절망을 재생산하는 세상의 사회적 구조를 변화시킬 수 있는 영적 평안과 활력을 불어넣어 주옵소서. 무엇을 하든지 하나님을 위해서 하게 하옵소서. 저를 비워 깊이 있는 믿음의 삶을 살게 하옵소서. 부유하나 빈곤하나 있으나 없으나 기쁨과 평안을 누리는 삶을 살게 하옵소서. 피로를 모르는 단잠과 같은 쉼을 누릴 수 있게 하옵소서.
예수님의 이름으로 기도합니다. 아멘.

패혈증 치유를 위한 기도

주의 얼굴을 내게서 숨기지 마시고 주의 종을 노하여 버리지 마소서
주는 나의 도움이 되셨나이다
나의 구원의 하나님이시여 나를 버리지 마시고 떠나지 마소서
내 부모는 나를 버렸으나 여호와는 나를 영접하시리이다 (시편 27:9~10)

길이요 진리요 생명이신 하나님 아버지!
아버지께 의지하며 나아갑니다. 패혈증으로 인하여 맥박이 느려지고 체중이 줄어들며 호흡도 일정하지 않습니다. 도깨비 방망이를 든 병원균이 아닐지라도 감기 하나로 맥을 못 추고 벼랑으로 떨어져 죽게 되는 것은 아닐까 조바심이 납니다.
주님, 필요이상으로 속이 타들어가듯 걱정과 두려움이 앞섭니다.
하나님, 저도 모르는 사이에 조금씩 제 피 속의 영양들이 소실되어 가고 있었던 모양입니다. 소수점 이하의 단지 화학적 기호로만 이해했던 그 작은 영양소들이 내 피의 생명을 이루었다는 것을 이제야 깨닫게 되었습니다. 생명의 창조자 되시고 생명을 다스리시는 하나님의 주권과 사랑을 다시 깨닫습니다.
하나님 아버지!

패혈증이라고 하는 이 병을 깨끗이 낫게 하여 주옵소서. 제 몸이 예수 그리스도의 보혈의 은혜로 치료되게 하옵소서. 온전하신 주님 무기력과 피로와 불안정한 마음을 겹겹이 쌓아가는 이 병을 고쳐주옵소서.

이것이 더 심해지면 패혈성 쇼크 상태가 되어 온 몸의 기관이 제 기능을 못하게 된다고 합니다. 혈액속의 세균이나 곰팡이가 만들어 내는 독소들이 패혈증의 원인이라고 합니다. 이들과 저항해 싸울 수 있는 건강한 몸의 유익균들을 확장시켜 주옵소서.

능력의 주님!

실타래같이 엉킨 혈관들 하나하나마다 깨끗케 하여 주옵시고 혈관 속에 들어와 있는 세균이나 곰팡이들을 방어할 수 있는 면역력을 회복하여 주옵소서. 또한 저를 에워싸고 있는 환경을 깨끗케 하여 주옵소서. 의료진에게 지혜와 능력을 더하여 주옵시고 가족과 성도들의 기도를 들으시며 응답해 주옵소서. 예수 그리스도의 보혈이 저의 혈관 속에 흐르므로 깨끗이 치유되게 하옵소서.

여호와 라파 치료자이신 예수님의 이름으로 기도드립니다. 아멘.

요도염 치유를 위한 기도

스스로 속이지 말라 하나님은 업신여김을 받지 아니하시나니
사람이 무엇으로 심든지 그대로 거두리라
자기의 육체를 위하여 심는 자는 육체로부터 썩어질 것을 거두고
성령을 위하여 심는 자는 성령으로부터 영생을 거두리라 (갈라디아서 6:7~8)

우리에게 영생을 허락하신 하나님 아버지!
은혜에 감사드립니다. 먹고 마시고 대소변을 보는 일은 가장 자연스러운 생리현상이지만 이제는 무섭고 두려운 일과가 되었음을 고백합니다. 화장실에 가는 것이 두려워 단 몇 분간이라도 참아보려 하지만 그때마다 다가오는 따가움과 심한 통증은 감당하기 어렵습니다. 지금 상태가 하나의 염증 정도로만 가볍게 볼 수 있는 것이 아님을 깨닫게 해줍니다.
주님!
이런 결과를 가져온 부패한 삶의 방식이 있었다면 그것이 무엇인지 깨닫게 하시고 돌이키게 도와주시옵소서. 하나님의 영광을 나타내지 못했던 제 삶의 모습은 무엇이었을까 돌이켜 생각해 봅니다. 요도염은 청결하지 못하고 함부로 자신이 몸을 대하는 사람에게서, 또한 잘못된 성교에 의해서 감염되는

경우가 많다고 합니다. 하나님의 사랑을 이루어야 할 성 생활을 세속적인 탐욕으로 정결하게 하지 못한 것은 아닌지 돌이켜 봅니다.

주님, 제 삶이 부패되고 죄악 된 삶이었다면 회개하오니 용서해 주시옵소서.

생명이신 주님!

저의 속사람까지 하나님의 영광을 선포할 수 있기를 기도합니다. 순간순간마다 예수 그리스도의 은혜를 힘입어 성령을 위하여 심는 충만한 사람이고 싶습니다. 죄와 이기적인 허물의 근성을 단호히 끊고 하나님의 말씀 속에서 승리하는 삶을 살게 하옵소서.

하나님 아버지!

요도 속에 잠식해 있는 세균들을 박멸하여 주옵소서. 이로 인해서 다른 합병증이 생기지 않도록 깨끗이 치료하여 주옵소서. 생식기의 혈관들을 깨끗하고 건강하게 치료하여 주옵소서. 주님 주신 몸의 청지기로서 더욱 더 경건하고 바른 삶을 살게 하옵소서. 저의 몸을 통해 하나님의 영광이 이루어지게 하옵소서.

거룩하신 예수님의 이름으로 기도드립니다. 아멘.

부비동염 치유를 위한 기도

그런즉 원하는 자로 말미암음도 아니요
달음박질하는 자로 말미암음도 아니요
오직 긍휼히 여기시는 하나님으로 말미암음이니라 (로마서 9:16)

우리의 호흡을 주관하시는 하나님!
가을은 깊어 가고 곧 추위가 오려나봅니다. 아침 공기가 제법 쌀쌀하고 이제까지 무심코 입었던 외출복이 발걸음을 주춤하게 합니다. 아침 공기의 차가움이 벌써 코의 맹맹함으로 느껴지기 때문입니다. 사랑이신 주님 환절기로 인하여 감기라도 걸리면 조금씩 코로 드나들었던 실낱같은 공기마저 제대로 마실 수 없게 될 것이 염려스럽습니다. 완전하신 주여 코로 숨을 들어 마시고 내쉬어야 할 공기들이 코가 막혀 입으로 몰려들면서 맥박도 불안하게 빨라지고 입술은 뽀얗게 터 버립니다. 이 답답함을 누구에게 호소하며 누가 알아주겠습니까? 오직 주님만이 아십니다.
주여, 불쌍히 여기사 고쳐주옵소서. 올 겨울에도 이 거칠고 고통스러운 호흡을 하면서 지내야 합니다. 하나님 아버지, 저도 남들처럼 맑은 공기를 시원하게 코로 마셔보고 싶습니다. 건강을 회복하여 청명한 집중력을 가지고 공부하고 싶습니다. 거룩하신 성령의 능력으로 깨끗이 고쳐주시기를 간절히 기도드립니다. 코를 훌쩍이고 코푸는 일에 신경을 안 쓸 수 있다면 얼마나 좋을까 생각하며 기도합니다. 주님 들숨과 날숨을 코로 하여야 당연한데 입이 그 역할을 대신하므로 또 다른 부작용이 생길까 염려되고 걱정이 앞섭니다.

전능하신 하나님!

제 코의 막힌 부분을 뚫어 주시고 염증들을 말끔히 제거하여 주옵소서. 코 속의 점막들을 붓게 만드는 세균들을 멸하여 주옵소서. 매사에 부비동염으로 도저히 집중하기 어렵사오니 깨끗이 치료하여 주옵소서. 주님 쉽게 지치고 의욕이 상실되어 자신감마저 잃어버리고 포기 하고픈 심정입니다. 주여 긍휼을 베풀어 주옵소서. 깨끗이 회복되어 맑은 정신으로 집중할 수 있도록 이 병을 고쳐 주옵소서. 사랑의 주님 약물이든 수술이든 하나님의 치료의 손길을 통하여 다시는 재발되지 않도록 깨끗이 고쳐주옵소서. 하나님이 지으신 세계를 맘껏 호흡하며 누릴 수 있도록 은총을 베풀어 주옵소서.

예수님의 이름으로 기도드립니다. 아멘.

신장염 치유를 위한 기도

여인이 어찌 그 젖 먹는 자식을 잊겠으며
자기 태에서 난 아들을 긍휼히 여기지 않겠느냐
그들은 혹시 잊을지라도 나는 너를 잊지 아니할 것이라 (이사야 49:15)

사랑의 하나님!

신장의 염증으로 인한 고통을 주님께 호소합니다. 화장실을 가는 횟수가 점점 늘어만 갑니다. 신장이 붓고 제 기능을 못하여 몸이 퉁퉁 붓고 더 나아가 방광과 전립선도 의심스럽습니다. 건강을 너무 자신한 제자신이 원망스럽습니다. 소변을 보고 나서도 시원치 않고 집중하여 일을 하려고 해도 또다시 화장실에 가야 합니다. 사랑의 주님 갑자기 찾아드는 추위와 식은땀이 나는 것을 느낄 때면 제가 연약한 사람인 것을 살아갈 날 또한 정해져 있다는 것을 새삼 깨닫게 됩니다. 하나님 그동안 끝없이 먹고 마시고 즐기려던 제 모난 과거의 아집과 순간들을 돌이켜 보며 회개합니다. 성령을 좇아 사랑과 희락을 구하지 못하였고 육신의 욕망에 젖어 절제의 힘을 잃었던 지난날의 제 생활이었습니다. 모든 것이 영원할 것처럼 자신만

만했고 제 의식은 마음 높은 곳으로만 두었던 교만의 모습이었습니다. 주님 회개하오니 용서해 주시고 주님의 보혈의 피로 정결케 하옵소서. 하나님 이제 육신의 힘으로 취했던 것들마저 몸 밖으로 버리는 일은 제 힘으로 되는 것이 아니라는 것을 알게 되었습니다. 딱딱한 음식들을 씹을 수 있는 힘도 하나님의 은혜요, 그것을 소변으로 바꾸는 힘도 하나님의 은혜라는 것을 깨닫게 하시니 감사드립니다. 하나님이 주신 저의 자리로 돌아가야겠다는 생각을 하게 됩니다. 사랑의 주님 사람의 몸이 하나님의 도움 없이 어디인들 온전할 수 없다는 것을 깊이 깨닫게 하시니 감사드립니다. 하나님 신장염은 대장균이 혈관을 따라 콩팥(신장)을 침입하여 생기는 병이라 합니다. 불필요하거나 넘치는 병균을 소멸하여 주시고 콩팥을 비롯한 제 몸의 장기들을 더욱 강건하게 하여 주옵소서. 이를 위해서 바른 생활습관들을 익힐 수 있도록 지혜를 주시고, 하나님이 주신 음식들을 하나님의 영광을 위해 먹고 쓸 수 있도록 은혜를 베풀어 주옵소서. 생리현상이 하나님이 주시는 은혜의 기쁨이 되도록 신장염을 깨끗이 고쳐 주옵소서. 주님 주신 몸의 청지기의 직분을 바르게 감당하게 하옵소서.

예수님의 이름으로 기도드립니다. 아멘.

이명증 치유를 위한 기도

사람들이 귀 먹고 말 더듬는 자를 데리고 예수께 나아와 안수하여 주시기를 간구하거늘 예수께서 그 사람을 따로 데리고 무리를 떠나사 손가락을 그의 양 귀에 넣고 침을 뱉어 그의 혀에 손을 대시며 하늘을 우러러 탄식하시며 그에게 이르시되 에바다 하시니 이는 열리라는 뜻이라 (마가복음 7:32~34)

사랑의 하나님!

눈이 있어도 보지 못하며 귀가 있어도 듣지 못하는 영적으로 둔감한 저희들입니다. 불쌍히 여겨주옵소서. 무심코 있어도 들을 수 있다는 행복을 예전에는 미처 몰랐습니다. 이명증으로 인한 잡음이 신경을 곤두세우게 합니다. 신경쇠약으로 말미암았는지 청신경의 감각이상 때문인지 아니면 혈관과 감각세포의 이상인지 아직 원인도 찾지 못하였습니다. 주여 긍휼히 여겨주옵소서. 말씀으로 깨끗하게 하여 주옵소서. 에바다 하시며 귀머거리를 고치신 주님 듣는 귀를 온전케 하옵소서. 듣지 말아야 할 것을 제게서 멀리하시고. 침묵의 언어까지도 들을 수 있도록 영육 간에 강건케 하옵소서. 사랑의 주님 정상인은 아무 소음이 없이 조용하다 말하는데 제 귀에는 웅웅 소리와 딸그락 기계소리 같은 알 수 없는 소리가 울리고 있습니다.

때로는 사이렌 소리 같은 울림이 지속되면 온통 정신마저 혼미하여 죽고 싶은 심정입니다 주여 불쌍히 여겨주옵소서. 깨끗이 치료하여 주옵소서.

하나님 아버지, 아름다운 음악소리에 잠잠히 귀를 기울일 수 있다면 얼마나 좋을까 통증 없는 소리를 들을 수 있다면 얼마나 좋을까 주님의 치유하심을 갈망합니다. 주님의 은혜로 물소리와 바람소리 자연의 소리를 들으며 감사와 찬송을 드리는 날이 속히 오게 하옵소서. 생명의 주님 들을 수 있는 귀의 소중함을 모르고 너무나 당연시 여겼기에 소음에 무방비하게 노출되었던 귀를 보호하게 하시고 주변 환경에서 오는 소음을 다스릴 수 있는 분별력과 지혜를 주옵소서. 자동차의 경적소리와 층간소음은 큰 상처를 넘어서 심한갈등으로 사회문제가 되기도 하였습니다. 온유하신 주님 무심히 내뱉었던 저의 언어습관을 고치고 남을 배려하고 위로와 소망의 말로써 이웃을 섬기게 하옵소서. 하나님의 사랑과 생명의 언어가 넘치는 세상이 되고 그 소리를 마음껏 들을 수 있는 치유와 건강함을 허락하여 주실 줄 믿습니다.

예수님의 이름으로 기도드립니다. 아멘.

설암 치유를 위한 기도

내 이름을 경외하는 너희에게는 공의로운 해가 떠올라서 치료하는 광선을 비추리니 너희가 나가서 외양간에서 나온 송아지 같이 뛰리라 (말라기 4:2)

사랑과 진실함으로 우리를 인도하시는 하나님!
긍휼과 자비를 베풀어 주옵소서. 생각지도 못했던 무서운 설암을 진단받고 어디서부터 무엇을 어찌해야 좋을지 눈앞이 캄캄함으로 주님께 아룁니다. 누구를 원망하며 누구를 탓한들 현실은 고통스럽고 두려움이 엄습합니다. 전능하신 주여 불쌍히 여겨 주옵소서. 벙어리 된 자를 고치신 주여 이 죄인을 불쌍히 여겨주옵소서. 건강할 때는 주님의 선하심과 베푸신 은혜를 잘 몰랐습니다. 하나님을 안다고 하면서 지식으로 그쳤던 믿음뿐이었음을 고백합니다. 모든 생활이 저의 육신의 정욕을 따라 살았음을 회개 합니다. 주여 불쌍히 여기시고 용서하여 주옵소서.
사랑의 주님, 유력한 명의를 만나게 하시고 최선의 결과를 가져올 수 있도록 주님께서 친히 인도해 주옵소서. 사랑의 하나님 고통을 넘어 다가오는 불안과 염려, 어둠의 세력에 굴복하지 않도록 평안과 소망으로 넘치게 하여 주옵소서. 염증과 출혈이 계속되는 혀는 견딜 수 없는 통증으로 밤을 새우게 합니다. 혀끝으로 갈라져 나오는 아픔은 제 존재의 뿌리마저 허망하게 합니다. 점점 아이들 이름조차 제대로 부를 수 없을 때가 오리라는 생각이 저를 괴롭고 힘들게 합니다. 하나님, 저에게 부드러운 혀를, 말할 수 있는 힘을 베풀어 주옵소서. 생명을 심는 언어의 혀를 가지고 다시금 살 수 있도록 하옵소서. 지치고 낙망하여 죽어가는 사람들에게 하나님의 사랑을 전할 수 있도록 혀에 있는 암을 치료하여 주옵소서. 온 몸으로 하나님의 사랑을 실천하신 주님!

연약하지만 제 자신도 주님을 본받아 사랑을 열매를 맺게 하옵소서. 무수히 해로운 식품과 뜨겁고 자극적인 음식들을 욕심대로 먹었던 것을 회개합니다. 술과 담배로 하나님의 성전인 몸을 더럽혔던 것을 회개합니다. 긍휼히 여겨주옵소서. 하나님의 말씀을 통하여 설암을 깨끗이 치료하여 주옵소서. 혀 속의 암세포들을 다 도말하여 주옵소서. 혀 속의 모든 조직들을 힘 있게 세워 주옵소서. 그리하여 주의 자녀로 합당히 서게 하시고 주의 살아계심을 증거 하게 하옵소서.

예수님의 이름으로 기도드립니다. 아멘

방광암 치유를 위한 기도

이와 같이 성령도 우리의 연약함을 도우시나니
우리는 마땅히 기도할 바를 알지 못하나 오직 성령이 말할 수 없는 탄식으로
우리를 위하여 친히 간구하시느니라 (로마서 8:26)

건강할 때나 아플 때나 눈동자 같이 지키시는 하나님!
앓다가 신음하다가 변함없으신 하나님 의지하여 기도드립니다. 아무런 자각증세 없이 서서히 제 몸 방광에 자리 잡고 제 기능을 훼방하며 악의 꽃을 피운 방광암, 불청객 암세포가 제 몸에 발병함으로 저와 가족들의 삶이 송두리째 무너졌습니다.
하나님 아버지!
저의 죄악 된 마음과 교만한 생각 그리고 욕심을 회개합니다.
알고 모르게 지은 죄악과 무심함으로 주님의 마음을 아프게 한 것도 회개합니다.
저의 죄를 용서하여 주시고 제 속에 있는 암세포를 소멸시켜 주옵소서. 주님의 권위와 능력으로 병마의 권세를 무너뜨리시고 더 이상의 활동을 막아주옵소서.
늘 함께하시는 성령님의 손길로 만져주옵소서. 혈변을 보고

놀란 가슴 어루만져 주시고 암이라는 진단 앞에 절망했던 어두움도 벗겨 주시며 치료중의 고통도 덜어주옵소서.

암세포가 자라듯 제 마음속에도 암적인 생각들이 뿌리내리고 있었음을 고백합니다. 죽어야 하는 순간에 죽지 못하고 용서의 순간에 용서치 못하고 차곡차곡 쌓아 병으로 발전시킨 죄 용서하여 주옵소서.

하나님 아버지!

소변을 볼 때 느껴지는 통증을 잡아주옵소서. 시온의 대로가 뚫리듯 소변의 줄기가 뚫리게 하여 주옵소서. 항암치료의 고통을 덜어주옵소서.

항암제가 투여되면서 제 몸의 모든 기능들이 멈춰버렸습니다. 마치 전쟁의 황폐함이 제 몸을 쓸고 지나간 듯 저는 일어설 수 없습니다.

음식을 섭취해야 하는데 냄새 때문에, 구토 때문에 아무것도 먹을 수가 없습니다.

아버지 하나님!

저로 하여금 속히 일어나 힘을 얻을 수 있도록 입맛을 돋우어 주옵소서. 한 주먹씩 빠지는 머리카락을 볼 때에 마치 생명의 무게가 쓸려나가듯 가슴이 휑해지며 내려앉습니다.

면역력이 떨어져 군데군데 피부발진이 일어나 저를 괴롭히기도 합니다. 주여 온몸이 고통스러워 가족들을 힘들게 하고 신경질과 짜증으로 깊은 상처를 주었습니다.

주여!

불쌍히 여기사 용서하여 주시고 치료하여 주옵소서.

"네가 물 가운데로 지날 때에 내가 함께 할 것이라. 네가 불 가운데 지날 때에도 불이 너를 사르지 못할 것이니 나는 여호와 네 하나님이라"사43:2~3

이 말씀 붙잡고 제가 가오리니 주여 함께 하여주시고 이길 힘을 주옵소서. 암세포를 이길 수 있는 강력한 세포가 생성되고 면역력을 높여 주옵소서.

항상 기뻐하라 범사에 감사하라 하신 말씀을 기억하지만 제가 무슨 힘이 있어 엄청난 고통 앞에서 웃을 수 있겠습니까?

성령님!

저를 도와주옵소서. 제 안에 소망과 기쁨의 영으로 임하셔서 회복 뒤의 소망을 보게 하시고 주의 영광을 보게 하옵소서. 때로는 너무나 아프고 고통스러워 신음만으로 세상의 모든 언어를 대신할 수밖에 없을 때도 있습니다.

그 어떤 순간에도 주님을 바라며 저의 작은 신음에도 응답하시는 주님을 의지 하게 하옵소서.

사랑의 하나님!

아픈 저를 바라보고 힘들어 하는 저의 가족들을 주님의 따뜻한 품으로 안아주시길 간절히 기도하오니 그들에게 힘을 주시옵소서.

소망 중에 거하시는 하나님만을 섬기며 의지하게 하옵소서.

예수님의 이름으로 기도드립니다. 아멘.

간질 치유를 위한 기도

귀신이 그를 죽이려고 불과 물에 자주 던졌나이다 그러나 무엇을 하실 수 있거든 우리를 불쌍히 여기사 도와 주옵소서
예수께서 이르시되 할 수 있거든이 무슨 말이냐 믿는 자에게는 능히 하지 못할 일이 없느니라 하시니 (마가복음 9:22~23)

우리를 창조하시고 보시며 심히 기뻐하신 하나님!
거룩하신 주님께 찬송과 영광을 돌립니다. 사랑하는 주님 평소엔 누가 보아도 건강하고 멀쩡한 저에게 닥쳐온 질병으로 괴롭고 수치스러워 오직 주님께만 아뢰며 기도드립니다. 갑자기 찾아온 혼돈과 공허함이 밀려와 잠깐씩 의식이 멍하여져 아무것도 분간하지 못할 때가 있습니다.
주님, 어떤 때는 온몸의 통제 기능을 상실하여 발작하며 몸이 경직되고 정신이 혼미해져 쓰러집니다. 당시엔 누구도 도움이 되지못하고 오히려 깜짝 놀라며 뒷걸음칩니다. 제 자신도 어찌하지 못하고 나른한 무력감에서 헤어 나오지 못합니다. 하나님 아버지 이런 저를 불쌍히 여겨주옵소서. 요즘은 약물 치료로 증세가 많이 호전된 사례가 있어서 소망을 가져봅니다. 신약이 개발되어 완치의 길로 나가도록 주님께서 연구자에게

지혜를 주시고 은혜를 베풀어 주시옵소서.

하나님, 좋은 의료진을 만나게 하시고 좋은 결과를 얻도록 도와주옵소서. 온전케 하시며 치유하시는 분은 오직 주님뿐임을 고백합니다. 주여 치유의 광선을 비추어 제 머리 속의 흑암을 깨치고 빛을 주옵소서. 모든 혼돈 위에 말씀으로 질서를 세우신 것처럼 혼돈한 뇌를 치유하시고 질서를 잡아 주시옵소서.

하나님 아버지!

오랫동안 간질로 인하여 발작과 쓰러짐으로 절망감이 저를 짓누를 때가 많았습니다. 이 병마로 인하여 사회의 어떤 일도 자신감이 사라지고 낙심하여 도망치고 싶었습니다. 좌절과 절망이 함께 밀려올 때는 죽고 싶다는 생각마저 들었습니다.

주여!

간절히 기도하오니 제 병을 깨끗이 회복시키시고 마음의 자존감을 세워주옵소서. 다시는 질병이 재발되지 않도록 온전케 하시고 붙들어 주옵소서.

주여, 전심으로 주님만 바라보고 우주의 주인 되시는 하나님을 기뻐하며 영원히 찬양하게 하옵소서.

구주 예수 그리스도의 이름으로 간절히 기도드립니다. 아멘.

골절 치유를 위한 기도

그들이 그 죄를 뉘우치고 내 얼굴을 구하기까지 내가 내 곳으로 돌아가리라
그들이 고난 받을 때에 나를 간절히 구하리라 (호세아 5:15)

우리의 힘이 되신 하나님!
주님을 사랑하며 찬양 드립니다. 뼈가 골절되어 심한 통증에 시달리고 있습니다. 조그만 실수와 부주의함이 골절로 이어져 통증은 물론 생활에 불편함과 생업에 지장을 주고 있습니다. 건강할 때는 자유롭게 걸어 다닐 수 있음이 얼마나 소중한 것인지 깨닫지 못했습니다. 작은 일도 도움을 받아야하고, 다치지 않을 때는 사소한 것이라도 지금은 마음뿐이고 행하지 못합니다. 이런 내 자신이 답답하고 가족에게 미안하고 회사에 죄송한 마음 금할 길이 없습니다.
주여, 이번 사고를 계기로 하나님 앞에서 내 자신을 돌아보길 원합니다. 그동안 당연시 여기고 감사하며 살지 못했던 것들을 떠올리며 회개합니다. 지금 생각하면 모든 것이 새삼 고맙고 감사할 조건뿐입니다.
주님, 그동안 보이는 것에만 익숙해져서 신경 쓰며 살아왔습

니다. 아침마다 얼굴을 신경 쓰면서도 얼굴을 지탱해 주는 **뼈**들이 있음을 의식하지 못했고 감사는 더더욱 못했습니다.

여호와 라파, 치유의 하나님!

골절의 치료는 시간이 많이 걸립니다. 회복의 시간 하나님의 손길을 기대하며 인내를 배우게 하옵소서. 급하고 예민한 성격이 변하여 온유하고 겸손한 마음으로 새롭게 하옵소서.

주님, 가정에서나 직장에서 저의 빈자리 때문에 힘들어할 사람들로 인하여 기도드립니다. 그 자리를 주님이 친히 함께하여 주시고 모든 일을 합력하여 선을 이루도록 인도해 주옵소서.

하나님, 지금 아프긴 해도 생명에는 지장이 없으니 얼마나 감사한지요. 약간의 고난은 있으나 오히려 유익케 하시는 하나님의 은혜를 감사함으로 영광 돌립니다.

주님, 이 시간에도 각종 암과 불치의 병으로 고통당하는 환우들을 위하여 간절히 기도드립니다. 저들을 불쌍히 보시고 치유의 능력으로 함께하여 주시고 빛을 비춰주시어 염려 걱정이 떠나가고 소망으로 충만케 하옵소서.

예수님의 이름으로 기도드립니다. 아멘

폐렴 치유를 위한 기도

**이르되 내가 받는 고난으로 말미암아 여호와께 불러 아뢰었더니
주께서 내게 대답하셨고 내가 스올의 뱃속에서 부르짖었더니
주께서 내 음성을 들으셨나이다 (요나 2:2)**

하나님!
사슴이 시냇물 찾기에 갈급함같이 주를 찾기에 갈급합니다.
폐렴으로 인하여 저의 목이 붓고 소리가 갈라져 쉰 소리가 나고 몹시 아픕니다. 호흡할 때마다 가슴은 찢어지듯 아프고 괴롭고 힘이 듭니다.
주여, 제 호흡에는 힘이 없으며 제 몸은 불덩어리를 얹어 놓은 듯 고열에 시달립니다.
하나님 아버지!
불쌍히 여기시고 깨끗이 고쳐 주옵소서. 감기가 찾아왔으나 쉽게 생각하고 방치하여 화를 키웠습니다. 저의 어리석음을 용서하여 주시고 속히 회복시켜 주옵소서. 환절기에 습도가 낮아 기관지가 마르고 피곤한 틈을 감기가 여지없이 찾아왔습니다. 주님, 갈라지고 말라버린 저의 기관지를 촉촉이 적셔주

시고 폐에 기생하는 세균들을 박멸하여 주옵소서. 주님 차오르는 염증은 기침으로 가래로 모두 배출되게 도와주옵소서. 사랑하는 주님 제 입으로 투여되는 모든 약물 치료 위에 함께 하여주시고 치료가 급속히 이루어지게 하옵소서.

치료자 되신 주님!

열이 내리고 입맛이 돌게 하시고 병마를 이길 힘을 주시옵소서. 폐에 차 있는 모든 병균과 염증을 제거 하여 주옵소서. 다시 편안한 호흡을 허락하여 주시고 단잠을 허락해 주옵소서.

주여, 하나님의 성전인 몸과 마음을 항상 청결하게 하시고 욕심으로 피곤하지 않도록 잘 관리하게 하옵소서. 주님, 보이지 않는 작은 병원균에 이처럼 무력하고 연약한 존재임을 깨닫고 겸손히 주의 도우심을 간구합니다.

오래 참으시고 긍휼을 많으신 주님을 질병을 통해서 다시금 깨닫는 영적으로 둔감한 자임을 고백합니다. 앞으로 세상 살아가는 동안 온전히 주님을 바라보며 의지할 것을 약속합니다. 지난밤에도 단잠을 주신 하나님을 사랑하고 감사드립니다. 호흡이 다할 때까지 주님의 위대하심과 능하신 행동을 찬양 드립니다.

예수님의 이름으로 감사하며 기도드립니다. 아멘.

알레르기 비염 치유를 위한 기도

이제는 전에 멀리 있던 너희가 그리스도 예수 안에서
그리스도의 피로 가까워졌느니라
그는 우리의 화평이신지라 둘로 하나를 만드사 원수 된 것
곧 중간에 막힌 담을 자기 육체로 허시고 (에베소서 2:13~14)

우리를 주관하시고 삶을 붙들어 주시는 하나님! 오늘 아침도 비염 때문에 콧물과 재채기로 하루를 시작합니다. 코 막힘으로 몇 번씩 잠에서 깨고 잠을 설치기 일쑤입니다. 아침은 늘 잠이 부족하고 눈 커플은 천근만근 무겁게 느껴집니다. 궁휼이 많으신 주여 계절이 바뀌는 환절기에는 더욱 심해져 증상이 오래가고 감기를 달고 삽니다. 콧물이 줄줄 흐르고 코 안이 가렵고 눈 주위도 가렵습니다. 날씨만 변해도 이유 없이 온몸이 가렵습니다. 주님 보옵소서. 아침에 일어나 시작된 기침과 재채기는 시도 때도 없이 하루 종일 계속됩니다. 목에 가래도 많이 끼고 침을 삼킬 때마다 목이 따갑고 아픕니다. 이런 악순환 속에서 몸과 마음은 지쳐만 갑니다. 사람을 지으신 세밀하신 하나님, 제 코 안에 있는 병의 근원인 알레르기를 깨끗이 치료하여 주옵소서. 분주한 세상의 일들로

하나님이 주신 몸을 소홀히 다스리고 영양공급을 충분히 하지 못하고 대충 살아왔습니다. 주님 바쁘다는 이유로 기도마저 게을리 하였고, 제 마음은 늘 근심과 스트레스가 가득한 채로 방치했던 저의 모습을 회개합니다. 사랑하는 주님 알레르기 반응 검사를 하여 그 원인을 찾고 약물투여와 청결한 생활과 음식섭취를 가려야 함에도 바쁘다는 이유로 소홀히 했습니다. 미련하고 이기적인 제 자신이 한스럽습니다. 주님 가장 참기 어려운 점은 예배를 드릴 때나 기도할 때 매순간 저의 병세로 주님을 만나는데 주변 성도에게 걸림돌이 되는 것입니다. 치료자이신 주님 이 질병이 다시는 재발되지 않도록 깨끗하게 치유하여 주옵소서. 저의 좋지 않은 습성이나 깨닫지 못한 나쁜 체질도 긍휼함으로 바꾸어 주옵소서. 사랑의 주님 이 질병이 깨끗이 치유되어 예배와 기도를 전심으로 드릴 수 있기를 소망합니다. 단잠으로 참된 쉼을 얻고 가벼운 몸과 마음으로 상쾌한 새벽을 열 수 있도록 도와주옵소서. 거룩하신 성령님 강한 면역력을 주시고 새롭게 체질이 개선되어 주의 일에 더욱 충성하게 하옵소서. 오직 말씀과 기도에 집중하여 하나님 중심의 삶을 살아가므로 주님께 영광을 돌리게 하옵소서.
예수님의 이름으로 기도드립니다. 아멘.

축농증 치유를 위한 기도

너희가 내게 부르짖으며 내게 와서 기도하면
내가 너희들의 기도를 들을 것이요
너희가 온 마음으로 나를 구하면
나를 찾을 것이요 나를 만나리라 (예레미야 29:12~13)

나의 주인이 되시는 하나님!
면역력이 약한 저의 코에 만성적인 염증이 생겨 감기에 잘 걸리고 쉽게 낫지 않습니다. 이제는 호흡기가 약해져 호흡기 점막이 바이러스나 세균에 쉽게 감염되고 잘 회복되지 않아 만성화 되었습니다. 사랑하는 주님, 축농증으로 말미암아 답답함은 물론 무슨 일을 하든지 집중이 안 되고 의욕마저 상실하고 있습니다. 주여, 깨끗이 치유하여 주시고 재발되지 않도록 능력으로 붙들어 주옵소서. 처음엔 단순 감기로 시작되었지만 곧 축농증이 되었고, 콧물이나 가래, 기침이 심해지고 누런 콧물도 나오고 있습니다. 호흡기계와 소화기계통의 기력이 허약해져서 마음도 의지도 더욱 지쳐가고 있습니다. 하나님 아버지, 코의 염증을 일으키는 근원을 치료하여 주시고 쉽게 감염되지 않도록 도와주옵소서. 주님, 염증뿐 아니라 호흡기와 소화기계를 강화시켜주시고 면역력을 키워주셔서 감기에 잘 걸리지 않도록 은혜를 베풀어 주옵소서. 우리의 체질을 아시는 주님을 의지합니다. 감기를 예방하려면 돼지고기, 닭고기 등의 육류와 인스턴트식품의 섭취를 줄여야 하는데도 저의 절제되지 않은 식욕으로 질병을 키운 것을 회개합니다. 비타민과 무기질이 풍부한 감자, 호박, 당근, 버섯 등 녹황색 채소와 김, 미역과 같은 해조류, 콩, 현미 등이 섞인 잡곡밥을 골고루 먹어야 함에도 저의 굳어진 식습관과 어리석음으로 몸속에 질병을 키웠던 생활을 바로잡게 하옵소서. 주님, 마음에 근심함으로 심령을 상하게 하고, 세상적인 스트레스와 과로, 수면부족으로 규칙적인 생활을 하지 못한 채 육신을 더욱 나약하게 만든 것을 용서하여 주옵소서. 주님, 규칙적인 습관과 균형 잡힌 영양분을 섭취하고 적절한 운동으로 질병을 예방하게 하시고 건강함으로 주님 앞에 나아가게 하옵소서. 성실과 진실함으로 저의 마음을 주의 지혜로 가득 채워 주시고 몸과 마음이 화평케 하여 주옵소서. 온전케 하시는 주님, 축농증을 치유해 주시므로 상쾌한 마음으로 말씀과 기도에 집중하게 하시고 주님의 은혜가 차고 넘치는 삶을 살아가게 하옵소서.

예수님의 이름으로 기도드립니다. 아멘.

난소암 치유를 위한 기도

내가 그리스도와 함께 십자가에 못 박혔나니
그런즉 이제는 내가 사는 것이 아니요
오직 내 안에 그리스도께서 사시는 것이라 이제 내가 육체 가운데 사는 것은
나를 사랑하사 나를 위하여 자기 자신을 버리신
하나님의 아들을 믿는 믿음 안에서 사는 것이라 (갈라디아서 2:20)

우리를 구원하시기 위해 십자가에 돌아가신 주님! 난소암으로 말미암아 절망과 두려움에 빠진 나약한 자녀를 불쌍히 여겨주옵소서. 오직 하나님을 의지하오니 주님의 손길로 어루만져 주시고 불안과 걱정에서 평안과 소망으로 인도하여 주옵소서. 주님, 상상도 못했고 뚜렷한 증상도 없이 난소암이 찾아왔습니다. 소화가 잘 안되고 더부룩하여 대수롭지 않게 생각했는데 난소암이라니요. 아직은 초기상태로 완치율이 높다고 위로해 주시지만 서서히 느껴지는 불편감과 통증은 조금씩 두려움과 고통이 되어 찾아옵니다. 주님, 진단을 받고 왜 나에게 이런 엄청난 고난이 왔을까 아무리 생각해도 이해가 안 됩니다. 아닐 거야 뭔가 잘못 되었겠지 부정도 해보지만 오히려 두려움이 엄습하고 나 홀로 광야에 놓인 듯 외로움을 느

낍니다. 주님, 혹이라도 주님을 멀리하고 형식적인 신앙으로 주님의 마음을 아프게 한 것이 있더라도 긍휼을 베푸시고 용서하여 주옵소서. 주여, 저의 연약한 믿음으로 허무와 절망을 이길 수 없습니다. 성령님의 크신 능력으로 임하시여 평안을 주시고 깨끗이 치유하여 주시옵소서. 주님, 저의 마음과 생각을 붙들어주셔서 어두움을 몰아내시고 주님의 음성만을 듣게 하옵소서. 사랑이 많으시고 전능하신 주님의 손길로 다시 일어나게 하옵소서. 저가 채찍에 맞음으로 너희가 나음을 입었느니라. 하신 주의 말씀이 이 시간에 주의 자녀에게 임하게 하옵소서. 주여, 가족들의 기도를 들으시고 교우들의 기도를 응답하여 주옵소서. 하나님 아버지!

난소암이 더 이상 커지지 않게 하시고 다른 장기로 전이되지 않도록 능력으로 붙들어 주옵소서. 주님, 환자와 가족에게 강한 정신력을 주시고 육체적으로 지치지 않도록 새 힘을 주옵소서. 주님, 어떠한 상황에서도 환우가 낙심하지 않게 하시고 함께 하시는 하나님을 체험하게 하옵소서. 사랑의 주님, 보혈의 능력으로 몸과 마음을 회복시켜 주시고 온전한 믿음의 삶을 살게 하옵소서.

예수님의 이름으로 기도드립니다. 아멘.

중이염 치유를 위한 기도

예수께서 그 사람을 따로 데리고 무리를 떠나사
손가락을 그의 양 귀에 넣고 침을 뱉어 그의 혀에 손을 대시며
하늘을 우러러 탄식하시며 그에게 이르시되 에바다 하시니
이는 열리라는 뜻이라 (마가복음 7:33~34)

우리의 빛 되신 하나님!
귀에 생긴 염증들이 끈끈한 액체로 흘러 사람들로 부터 멀어지게 하고 사회생활 또한 할 수 없게 합니다. 고무풀 같은 액체는 중압감과 청각장애까지 일으켜 절망감이 생깁니다.
주님, 합병증의 불안감과 통증은 서서히 더해가고 소리가 잘 들리지 않을 때는 공포와 외로움으로 끝없이 나약해집니다. 식욕도 없어지고 피로만 쌓여 몸과 마음도 지쳐갑니다.
주님, 어느 사이에 찾아오는 심한 두통과 쏟아지는 졸음은 삶의 무게를 한없이 무겁게 만듭니다. 하나님, 저의 귀에 치료의 광선을 발하여 주옵소서.
우리를 지으신 하나님!
저의 힘으로는 할 수 없사오니, 하나님의 능력으로 회복시켜 주옵소서. 더 이상 세균의 저항력이 힘을 얻지 못하도록 예수

그리스도의 보혈로 치료하여 주옵소서. 그동안 집착하고 고집을 부리며 어깨에 힘을 주고 제 자신만 의지하지 않았는지, '나' 중심적으로 살지 않았는지 돌아봅니다. 하나님께 모든 걸 맡기고 저의 욕심을 내려놓을 수 있도록 도와주옵소서. 공평하신 하나님의 일을 하는 곳에 쓰임 받기를 원합니다.

은혜로우신 주님!

육신의 건강과 영적인 건강을 회복시켜 주옵소서. 제 욕심을 버리고 적극적으로 돕는 삶을 살게 하옵소서. 연약한 인간의 눈으로 보게 마시고 경건한 눈으로 바라볼 수 있도록 하옵소서. 모든 것 십자가에 맡기고 저를 내려놓습니다. 지혜와 권능을 더하여 주옵소서.

무엇보다 하나님의 말씀으로 승리하는 삶을 살게 하옵소서. 합병증이 생기지 않도록 지켜주시고 하나님의 손길로 이 중이염을 깨끗이 끊어 주옵소서. 하나님, 하나님이 주시는 축복을 누리고 나누며 살아갈 수 있기를 원합니다. 이 질병을 통해 저의 삶이 변화되고 주님이 기뻐하시는 자녀가 되기를 원합니다.

예수님의 이름으로 기도드립니다. 아멘.

화상 치유를 위한 기도

내가 여호와를 기다리고 기다렸더니 귀를 기울이사
나의 부르짖음을 들으셨도다
나를 기가 막힐 웅덩이와 수렁에서 끌어올리시고
내 발을 반석 위에 두사 내 걸음을 견고하게 하셨도다 (시편 40:1~2)

저희의 간구에 언제나 귀 기울이시는 하나님!
순간의 사고로 육신과 마음에 커다란 흉터가 생기고, 후회 가득한 제 마음은 어두움과 공포와 두려움으로 변해가고 있습니다. 건조하고 검게 타버린 피부들은 감각을 상실하여 핀으로 찔러도 통증을 느끼지 못합니다. 사랑의 주님, 화상으로 말미암아 상하고 찢긴 마음을 어루만져 주시고 흉터가 남지 않도록 새로운 세포조직을 조성하여 주옵소서. 주님, 환부는 주위 조직보다 가라앉고, 치유 기간이 길어지므로 제게 있는 작은 희망조차 한계에 닿은듯합니다. 물집이 생긴 곳은 부풀어 올라 터지고 쓰려워 통증이 심해져 옵니다. 주님, 흉터를 수술로서 완전히 없앨 수 있을 것이라 기대하며 눈물과 기도로 순간순간을 지탱합니다. 주님, 치료를 할 때마다 그 공포와 두려움은 제 마음을 도살장에 끌려가는 소와 같은 심정으로 떨게 합니다. 주여, 세상이 줄 수 없는 평안을 주옵소서. 그 동안의 딱지들이 떨어지면 피부가 땅기고 저리고 뒤집혀지는 것처럼 후유증도 서럽고 고통스럽습니다. 하나님, 저에게 고통을 이겨낼 의지를 더하여 주옵소서. 소망 가운데 마음에 평안을 허락하여 주옵소서. 하나님 아버지, 제게 맡겨주실 사명이 있기에 이 생명을 연장시켜 주심을 믿습니다. 부끄러운 사람이 되지 않도록 은총 베풀어 주옵소서. 피부이식을 받고 조금씩 좋아지는 작은 일에도 감사하는 마음으로 살 수 있도록 마음과 영혼을 지켜주옵소서. 주님, 어떤 상황에도 소망을 잃지 않게 하시고 하나님의 사랑으로 회복시켜 주옵소서. 주님, 건강에 대한 자만심과 식어진 사랑, 무디어진 심령의 메마름을 회개합니다. 욕심과 이기심으로 얼룩진 저의 더러운 근성을 회개합니다. 하나님의 영광을 나타내지 못했고 언제나 마음을 높은 곳에 두었던 저의 모습을 돌이켜봅니다. 주님, 이제 자만심과 교만함은 깨끗이 버리게 하시고 저의 몸과 마음을 새롭게 빚어 주옵소서. 긍휼이 많으신 주님의 사랑과 인도하심을 깨달아 알게 하시고 빛과 소금의 사명을 감당케 하옵소서. 겸손과 섬김으로 주님의 증인되어 영광을 돌리게 하옵소서.
예수님의 이름으로 기도드립니다. 아멘.

중풍뇌출혈 치유를 위한 기도

그러나 인자가 세상에서 죄를 사하는 권능이 있는 줄을 너희로 알게 하려
하노라 하시고 중풍병자에게 말씀하시되 일어나 네 침상을 가지고
집으로 가라 하시니 그가 일어나 집으로 돌아가거늘 (마태복음 9:6~7)

사랑의 주님 중풍뇌경색으로 입원 중인 ○○○ 집사님을 위하여 기도드립니다. 주님께서 찾아오셔서 능력의 손으로 어루만져 주옵소서. 누군가 부축해 주지 않으면 움직일 수가 없습니다. 말도 어눌하시고, 불편함이 있을지라도 희망의 끈을 놓지 않게 하옵소서.

베데스다 연못가에 38년 동안 누워있던 병자를 치료하셨던 것처럼 사랑의 주님, 중풍으로부터 벗어나게 하여 주옵소서. 주님의 치유의 은혜를 갈망합니다.

지난 세월 가족을 위해 피땀 흘리며 노력하였지만 자신의 건강을 돌아보지 못했습니다. 불규칙적인 식사와 술과 담배로 스트레스를 이기려 하였지만 오히려 병을 키웠습니다.

주님, 이제와 후회한들 무슨 소용이 있겠습니까? 긍휼이 많으신 주님, 저희들의 연약함과 교만한 죄를 용서하여 주옵소서.

알게 모르게 지은 죄를 회개하오니 용서하여 주옵소서.
살아계신 주님!
사랑하는 집사님 속히 회복되어 가족의 품으로 돌아가게 하시고 일생생활로 복귀할 수 있도록 은총을 베풀어 주옵소서. 주님, 의사선생님께 지혜를 주셔서 올바른 진단과 최선의 치료를 다할 수 있도록 붙들어 주옵소서. 살아계신 주님을 의지하고 나아갑니다. 주님, 혈전을 녹여주시고 더 이상 병세가 악화되지 않게 하시고 자신감을 회복시켜 주옵소서. 차도가 더딜지라도 포기하지 않도록 굳세게 붙들어 주옵소서. 가족들이 지치지 않도록 힘과 믿음을 더하여 주시고 물질적인 어려움이 없도록 축복하옵소서.
사랑의 주님!
다시금 간절히 기도하오니 능력의 말씀으로 깨끗이 고쳐주옵소서. 성령의 능력으로 일으켜 세워주옵소서. 사랑의 주님 이 질병으로 오히려 가족이 하나 되게 하시고 주님께 가까이 나아가는 은총을 베풀어 주옵소서. 주님의 영광을 널리 증거하며 크게 쓰임 받는 ○○○ 집사님이 되게 하여 주옵소서.
치료자 되시며 우리의 구원자이신 예수님의 이름으로 간절히 기도드립니다. 아멘.

병명 없는 환우 치유를 위한 기도

그리스도께서 우리를 위하여 저주를 받은 바 되사 율법의 저주에서 우리를 속량하셨으니 기록된 바 나무에 달린 자마다 저주 아래에 있는 자라 하였음이라 (갈라디아서 3:13)

사랑의 주님!
어떻게 기도해야 할지 모르겠습니다. 무슨 병인지 원인도 알 수 없는 병으로 인해 너무 괴롭습니다. 하나님 아버지, 주의 긍휼을 베푸시고 저를 불쌍히 여겨 주시옵소서. 몸은 시름시름 아파오고, 기운이 쭉 빠져 아무런 힘이 없습니다. 유명한 병원에서 진료를 받았으나 의사도 무슨 병명인지 뚜렷이 알지 못합니다. 주님, 단 하루만이라도 평안한 단잠을 자고 싶습니다. 밤이면 밤마다 악몽에 시달리는 것이 생활화 되었습니다. 세밀하신 주님 식욕마저 잃어버려 음식을 먹고 싶은 마음도 별로 없습니다. 주님, 어떤 때는 제 힘으로 감당할 수 없는 어떤 영적인 힘에 이끌려 생각을 다 빼앗길 때도 있습니다. 밤이면 악몽을 꾸고 수많은 악의 영들이 저를 사로잡고 억누르는 것 같습니다. 이제는 육신만 아니라 영혼까지도 빼앗길 것 같아 두렵습니다. 주님, 저를 떠나지 마시고 동행하여 주옵소서. 어떻게 하면 이 고통 속에서 벗어날 수 있겠습니까? 예수님께서 저의 모든 저주를 담당하신 것을 믿습니다.

오! 주님!

지금까지의 저의 모든 죄를 회개하오니 용서하여 주옵소서. 예수님께서 십자가에서 저의 모든 죄를 속량하신 것을 믿습니다. 저의 영혼을 구속하신 주님, 이제는 저의 육신도 질병의 세력으로부터 구원하여 주시옵소서. 머릿속에 들리는 환청과 악몽들이 사라지게 하여 주옵소서.

주님!

이 시간 능력의 손으로 안수하시어 몸과 마음을 깨끗이 고쳐 주시옵소서. 혼미함이 사라지게 하시고 맑은 정신을 주옵소서. 주님, 제 영혼은 오직 주께 있으며 주님이 함께하시고 지키심을 믿습니다. 주님, 저를 강한 믿음으로 사로잡아 주옵소서. 제 안에 있는 연약함과 타협하지 않게 하시고 사탄의 권세를 예수의 이름으로 물리치게 하여 주옵소서. 저를 승리케 하시는 주님을 찬양합니다. 저의 소망되시며 구원자이신 주님을 찬양합니다.

할렐루야! 예수님의 이름으로 기도드립니다. 아멘!

 비만 치유를 위한 기도

평강의 하나님이 친히 너희를 온전히 거룩하게 하시고
또 너희의 온 영과 혼과 몸이 우리 주 예수 그리스도께서 강림하실 때에
흠 없게 보전되기를 원하노라 (데살로니가전서 5:23)

사랑하는 하나님 아버지!

과체중을 넘어 비만으로 제 몸이지만 스스로 컨트롤하기 어렵고 모든 것이 다 귀찮고 자꾸만 눕고 싶고 자고만 싶습니다. 우리의 체질을 아시는 주님, 그 동안의 과식과 편식 그리고 스트레스로 인하여 내 몸을 다스리지 못하고 너무 안이하게 생각 하였습니다. 유전적인 요인과 체질적인 요인보다 먼저 저의 생각을 새롭게 바꾸어 주시길 간절히 기도드립니다.

주님, 조금만 움직여도 피곤이 쉽게 찾아옵니다. 그러므로 게을러지고 나태하게 되어 악순환이 반복됩니다. 저의 연약한 의지를 강하게 붙들어주셔서 악순환의 고리를 끊게 하여 주옵소서. 주님, 식이요법과 생활습관 개선으로 효과를 보게 하셔서 쉽게 포기하지 않게 하시고 자신감을 회복시켜 주시옵소서. 주님, 육류 중심의 식단에서 채식 위주로 개선하게 하시

고 인스턴트식품의 유혹을 멀리하고 이겨내도록 도와주옵소서. 주님, 비만은 만병의 근원이 됨을 깨닫게 하시고 체중 감소를 위하여 무리하지 않고 운동량을 서서히 늘려가게 하옵소서. 주님, 장기간의 계획을 세우고 이번에는 작심삼일로 끝나지 않도록 돕는 사람을 붙여주옵소서. 주님, 비만은 심혈관계 악화는 물론 관절염과 고지혈증 당뇨병의 합병증을 유발할 수 있음을 각성하고 임전무퇴 자세로 심기를 굳건히 하게 하옵소서.

사랑이 많으신 주님!

비만으로 오는 두통과 무력감과 피로 어지럼증의 증세를 완전히 떨쳐내게 도와주옵소서. 하나님 아버지, 그동안 약의 힘을 빌려 고쳐보려고 노력했고 나름대로 시간계획을 세워 열심히 노력했지만 번번이 좌절하고 실패하였습니다. 저의 의지만으로 쉽지 않음을 고백하오니 능력으로 함께하여 주시옵소서. 주님, 늘 곁에서 응원하는 가족을 위해서도 열심히 노력하여 근육을 늘리고 건강한 모습을 회복 하도록 은총 베풀어 주옵소서. 주님, 안에서 부지런함과 성실함을 회복하여 주의 일에 더욱 힘쓰고 주님의 강한 군사로 서게 하여 주옵소서.

할렐루야! 예수님의 이름으로 기도드립니다. 아멘!

육종암 치유를 위한 기도

스스로 지혜롭게 여기지 말지어다 여호와를 경외하며 악을 떠날지어다 이것이 네 몸에 양약이 되어 네 골수를 윤택하게 하리라 (잠언 3:7~8)

전능하신 하나님!
이름도 생소한 육종암으로 투병하는 환우를 위하여 기도드립니다. 사랑하는 집사님의 발병 소식을 전해 듣고 답답한 가슴으로 주님께 부르짖나이다. 아직 너무도 젊고 행복한 가정을 꾸리며 주님을 믿고 섬기는 주님의 자녀입니다. 저의 가슴이 이렇게 먹먹할진대 당사자는 물론 그의 가족과 부모형제는 오죽하겠습니까?
주여! 불쌍히 여겨 주옵소서.
어찌해야 이 질병에서 해방될 수 있습니까? 주님, 뼈와 근육에 발생하는 악성 종양임을 이제야 알았습니다. 현대 의학으로도 치료의 효과가 크지 않다는 소식에 억장이 무너져 내리고 무슨 말로도 위로할 길이 없어 이렇게 주님께 애원 드립니다. 주여, 주님은 능치 못하심이 없사오니 능하신 손으로 어루만져 주옵소서. 긍휼을 베푸시고 깨끗하게 씻어주시옵소서.

하나님 아버지, 무엇보다 충격에 휩싸인 환자와 가족 부모형제의 무너진 마음을 추슬러 주옵소서. 어둠의 그늘을 몰아내시고 치료의 광선을 발하여 주옵소서. 나을 수 있다는 소망으로 충만하게 하시고 세상이 줄 수 없는 평강으로 성령님 도와주옵소서. 말할 수 없는 탄식으로 친히 간구하시는 성령님 불쌍히 여기시고 응답하여 주옵소서.

한센병을 고치시고 중풍병자를 일으키신 주님!

죽은 자를 살리신 주님, 말씀으로 능력으로 임하시고 안수하여 주시옵소서. 인간으로 오셔서 십자가의 고통을 담당하신 주님 고통과 절망에서 집사님을 구원하여 주옵소서. 외롭고 혼자가 아니라 보혜사로 곁에 계신 주님을 기억하게 하옵소서. 주님, 나약해진 심령을 붙들어 주시고 오직 주님의 음성을 분별하여 위기를 벗어나게 도와주옵소서. 주님, 좋은 의사를 만나게 하시고 최선의 치료를 할 수 있도록 지혜를 주시고 은총 베풀어 주옵소서. 변함없이 저희를 사랑하신 주님, 기도의 끈을 놓지 않게 하시고 온 성도들이 함께 기도하고 있음도 큰 힘으로 전달 되게 하옵소서. 주님 건강하고 온전하게 치유하심으로 속히 응답하여 주시옵소서.

살아계신 예수님의 이름으로 기도드립니다. 아멘.

소아 천식 치유를 위한 기도

내가 주는 물을 마시는 자는 영원히 목마르지 아니하리니 내가 주는 물은 그 속에서 영생하도록 솟아나는 샘물이 되리라 (요한복음 4:14)

영원히 목마르지 않는 생명수 되신 주님!
사랑하는 자녀가 천식으로 말미암아 밤새도록 잠을 이루지 못하고 기침으로 어깨를 들썩이며 거친 호흡을 몰아쉽니다. 주여 불쌍히 여겨주옵소서. 열은 오르고 가래는 들끓고 부모로써 별 도움이 되지 못합니다. 사랑하는 아이를 옆에서 지켜보노라면 부모로서 너무나 고통스럽고 가슴이 무너집니다.
주여, 긍휼을 베푸시고 능력의 손으로 안수하여 주옵소서. 사랑하는 주님, 아이의 천식을 부모인 제가 대신할 수 있다면 기꺼이 감당 하겠습니다. 저의 심정이 이러할진대 독생자를 십자가에 못 박은 하나님 아버지의 심정을 어찌 저희들이 헤아릴 수 있겠습니까. 주님, 그 놀라운 사랑과 은혜를 생각만 해도 감사하고 감사드립니다.
아버지 하나님!
어린 자녀가 무슨 죄가 있겠습니까. 죄가 있다면 부모인 저의 죄뿐임을 고백합니다. 회개하오니 용서하여 주옵소서. 세상일에 바쁘다는 이유로 아이를 잘 돌보지 못했습니다. 올바르지 못한 식생활 습관이 아이를 이렇게 만든 것 같아 눈물로 회개합니다. 불쌍히 여기시고 용서하여 주옵소서. 깨끗하고 좋은 환경을 만들어 주지 못하고 집 먼지 진드기가 번식하기 좋은 여건을 만들고 방치 하였습니다. 주님, 깨끗하고 좋은 환경에서 맡겨주신 자녀를 사랑으로 잘 돌보겠습니다.

능력의 주님, 아이를 불쌍히 여기사 주님의 손길로 회복시켜 주옵소서. 하나님의 청지기로서 아이를 돌보고 아이를 위해 기도하는 부모가 되겠사오니 부모 된 자의 역할을 잘 감당케 하옵소서. 주님, 아이의 건강을 회복시켜 주시고, 요셉과 같이 꿈꾸는 아이, 아브라함과 같은 믿음의 아이가 되게 하여 주옵소서. 다윗의 용감함과 솔로몬의 지혜를 닮은 아이로 주님 안에서 성장할 수 있도록 축복하여 주옵소서. 주님, 능력의 말씀으로 기침과 가래를 소멸시켜 주시고 아이의 폐를 정결케 씻어주옵소서. 우리의 체질을 아시는 주여 자녀의 면역력을 높여 주시고 다시는 천식으로 고통 받지 않도록 붙들어 주시옵소서.

토기장이 되신 예수님의 이름으로 기도드립니다. 아멘.

소아 열 감기 치유를 위한 기도

내 이름을 경외하는 너희에게는 공의로운 해가 떠올라서
치료하는 광선을 비추리니 너희가 나가서 외양간에서 나온 송아지 같이
뛰리라 (말라기 4:2)

언제는 생명을 살리시는 주님!
아이의 얼굴이 벌겋게 달아오르고 손과 발이 뜨겁습니다. 열에 들뜬 입김에 입술은 바싹 타들어가고 있습니다. 보채는 것도 힘든지 축 늘어져 있습니다. 주님, 치료의 은혜를 갈망합니다. 속히 응답하여 주옵소서. 주님, 오셔서 우리 아이의 몸을 만져주시고 아이의 고열을 떨어뜨려 주시옵소서. 주님, 열이 좀처럼 내리지 않고 자꾸 오르기만 합니다. 해열제를 먹이고 아이의 옷을 모두 벗겨 미지근한 물수건으로 몸을 닦고 또 닦습니다. 사랑의 주님 불쌍히 여기시고 깨끗이 치유하여 주옵소서. 오직 주님만 바라보며 간구합니다. 고쳐 주옵소서. 속히 열을 내려 주옵소서.
입술이 파래지도록 우는 아이는 물수건을 뿌리칩니다. 약을 먹으면 토하고 아무 소용이 없습니다. 때문에 약을 먹지 않으

려고 발버둥 칩니다. 그럴수록 열은 더 오릅니다. 주님 어찌해야합니까. 주님, 누구나 한번쯤은 겪는 과정이라 하지만 이대로 보고만 있을 수는 없습니다. 능력의 손을 내밀어 치유하여 주옵소서. 기침을 멈추고 열을 내려 주옵소서. 주님, 아이에게 힘을 주옵소서. 고열을 주님의 이름으로 잘 이기게 하여 주옵소서. 주님의 사랑의 손길로 붙잡아 주옵소서. 이 고열에 아이가 놀라지 아니하며 더 이상 악화되지 않도록 능력으로 품어 주옵소서. 주님, 이 시간 이 자리에 임하셔서 역사하여 주옵소서. 목마른 자에게 생수를 주시는 주님, 시원하고 온유의 영으로 붙들어 주시고 평안하게 하옵소서. 사랑의 주님, 격렬한 전투 끝에 살아남은 장수처럼 아이가 모든 것을 떨쳐 버리고 일어나게 하옵소서. 주님의 놀라운 보혈의 능력으로 병마의 권세를 물리쳐 주옵소서. 주님이 함께 하시면 능히 치유되고 회복될 줄 믿습니다. 병마는 죽이고 멸망시키려 하지만 주님은 생명을 얻되 더 풍성히 얻게 하심을 믿습니다. 그 아들을 주신 자가 무엇을 너희에게 주시지 않겠느냐 하신 주님, 우리 아이를 사망에서 생명으로 옮겨 주심을 믿고 감사드립니다.

모든 것을 주님께 맡깁니다. 예수님의 이름으로 기도드립니다. 아멘.